아편전쟁을 다시 쓰다

마몽 속의 제국

미몽 속의 제국

발행일   2022년 4월 29일

지은이   김상규
펴낸이   손형국
펴낸곳   (주)북랩
편집인   선일영   편집   정두철, 배진용, 김현아, 박준, 장하영
디자인   이현수, 김민하, 안유경   제작   박기성, 황동현, 구성우, 권태련
마케팅   김회란, 박진관
출판등록   2004. 12. 1(제2012-000051호)
주소   서울특별시 금천구 가산디지털 1로 168, 우림라이온스밸리 B동 B113~114호, C동 B101호
홈페이지   www.book.co.kr
전화번호   (02)2026-5777   팩스   (02)2026-5747

ISBN   979-11-6836-299-4 03910 (종이책)   979-11-6836-300-7 05910 (전자책)

(주)북랩 성공출판의 파트너

북랩 홈페이지와 패밀리 사이트에서 다양한 출판 솔루션을 만나 보세요!

홈페이지 book.co.kr • **블로그** blog.naver.com/essaybook • **출판문의** book@book.co.kr

작가 연락처 문의 ▸ ask.book.co.kr

작가 연락처는 개인정보이므로 북랩에서 알려드릴 수 없습니다.

아편전쟁을 다시 쓰다

미몽 속의 제국

우리가 주목하지 않았던 아편전쟁의 새로운 이면

김상규 지음

북랩

이 책의 대부분은 역사적 사실이다

|1부| 갈등의 기원

|3부| 경세파(經世派)

|4부| 아편전쟁

✣ 일러두기

- 현재 통용되는 중국인 인명 표기는 신해혁명을 기준으로 그 이전은 한자독음으로 그 이후
  인물은 원어발음으로 표기하나 이 책에서는 지명과 19세기 이후의 인명 모두 원어발음으로
  표기하였다.

  예 린쩌쉬(원래는 19세기 사람이므로 '임칙서'라고 표기한다)

  단, 중국의 지명중 유일하게 '산시(陝西)'의 경우는 '산시(山西)'와 발음이 동일하므로 한자독
  음으로 '섬서'로 표기하였다.

- 대화체와 공문서 인용 시는 현장감과 몰입감을 위해 인물의 이름을 우리식 한자독음으로
  표기하였다.

- 외국어 표기법은 국립국어원의 표준어 규정을 따랐으나 일부 우리에게 너무 굳어져 원어의
  발음이 낯선 경우와 원어 발음에 좀 더 가깝게 다가가는 것이 필요하다고 여겨지는 경우는
  약간의 수정을 가하였다.

  예 쩌우산(원래는 '저우산'이라 표기한다)

- 인명, 지명과 같이 중국어 발음으로 표기되는 경우 괄호 안의 한자 역시 간체자로 표기하였
  다. 중국인이 지은 시와 사료의 인용도 간체자로 표기하였다. 그러나 우리말 한자어의 경우
  는 괄호 안에 우리나라에서 통용되는 번체자로 표기하였다.

  간체자 표기의 **예** 덩팅쩐(邓廷桢), 광저우(广州)

  번체자 표기의 **예** 혼란(亂), 주전(主戰), 전화(戰禍)

- 사료 명와 도서명은 『 』로 표기하였고, 조약명과 그림은 《 》로 표기하였다.

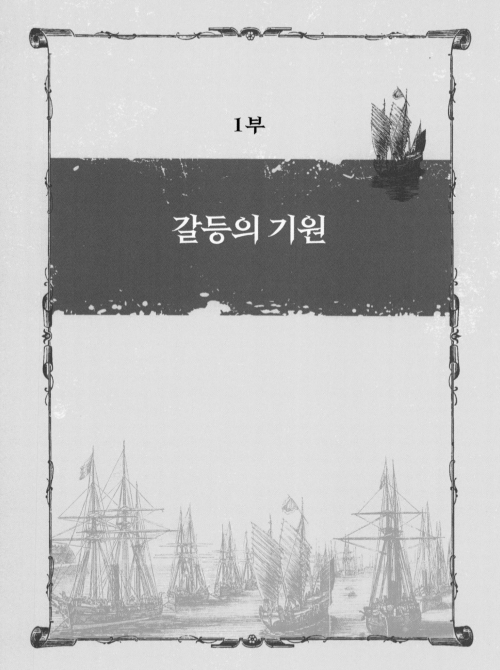

1부

갈등의 기원

청대의 지방 행정 체계

- 지방 행정 구역: 성(省)-부(府)-현(县)의 3단계, 공식적인 최고 지방 행정 단위는 성(省)이었으며 전국에 23개 성이 있었다.
- 현의 장관을 지현(知县)이라 하고, 부의 장관을 지부(知府)라 했다.
- 순무(巡抚): 성의 최고 행정장관으로 성내의 행정권, 사법권, 군사권을 보유한다. 종2품.
- 총독(总督): 청대에는 2~3개의 성을 관할하는 총독이라는 직책을 두었다. 총독 자체로는 정2품이나 병부상서(국방장관)를 겸임하는 경우 종1품이었고, 대학사를 겸할 경우 정1품이었다. 지방 행정 장관으로서는 최고 직책이다. 총독의 권한은 순무보다 훨씬 컸지만, 총독과 순무 간에 직접적인 예속 관계는 없었고 이들은 각각 중앙에 직접 보고했다. 순무는 민정 업무를 위주로 했고 총독은 군사 업무에 치중했다. 전국에 "직례(直隶) 총독, 양강(两江) 총독, 섬감(陕甘) 총독, 운귀(云贵) 총독, 민절(闽浙) 총독, 사천(四川) 총독, 호광(湖广) 총독, 양광(两广) 총독"의 8명의 지역 총독이 있었다. 이 밖에 전국의 곡식 징수와 경성으로의 운송을 관리하는 조운(漕运) 총독, 강과 운하를 관리하는 하도(河道) 총독이 있었다.

청나라 8대 총독 관할 지역

오늘날의 중국 성(省)

1장

황제의 호출

황제의 호출

도광 18년 음력 9월(1838년 11월) 어느 날, 호광총독 린쩌쉬(林則徐)는 여느 때와 마찬가지로 장강이 보이는 총독부[1] 집무실에서 각지의 관청들이 올린 보고서와 주청서를 처리하고 있었다. 저 멀리로 오후의 햇살이 강물에 반사되어 보석처럼 빛나고 있었고 그 위로 물건을 실은 배, 사람을 나르는 배 그리고 간간이 고기잡이를 하는 배가 보였다. 이때 성(聖)이라고 쓰여진 황색 깃발을 단 배가 그의 눈에 띄었다. 파발 전용선이었다.

나에게 폐하의 성지(聖旨)가……?

그의 예상은 틀리지 않았다. 곧이어 서기관이 황급히 들어왔다.

"총독 나으리, 조정에서 황제의 칙사가 왔다고 합니다."

이미 정복으로 갈아입은 린쩌쉬는 관모를 쓰고는 빠른 걸음

---

1) 호광총독은 오늘날의 후베이성과 후난성을 관할하였고 총독부는 후베이성 우한시 장강 남쪽변에 위치했다.

으로 총독부 중앙 홀로 나갔다.

"호광총독 임칙서(林則徐)는 황제의 성지를 받들라!"

린쩌쉬는 칙서를 든 전령 앞에서 세 번 절한 후 꿇어앉았고 전령은 칙서를 읽어 내려갔다.

"호광총독 임칙서는 총독 직을 사임하고 즉각 상경하여 황제를 알현하라."

린쩌쉬는 깜짝 놀랐다. 호광총독으로 부임한 지 이제 겨우 1년 반밖에 안 되었는데 직을 내려놓고 입궐하라니……! 도대체 무슨 일일까? 그는 이것이 '아편'에 관한 일이라는 것을 직감했다. 하지만 구체적으로 무엇을 이야기하려고 하는 건지, 왜 굳이 총독 직을 사임하고 오라는 건지에 대해서는 알 수가 없었다.

부랴부랴 총독대리에게 업무를 인계하고 북으로 향한 린쩌쉬는 1838년 12월 26일 베이징에 도착하였다. 그는 베이징에 도착한 바로 다음 날 이른 아침에 자금성으로 들어가 황제를 알현하였다. 그 후로 황제는 연속으로 일곱 번이나 그를 불러 이야기를 나눴다.

"그대에게 아편을 근절할 방도가 있는가?"

도광제는 왜 양광총독[2] 덩팅쩐(邓廷桢)을 놔두고 호광총독을

---

[2] 양광총독은 광동성과 광시성을 관할하였다. 아편은 대부분 광동성을 통해 들어왔

불렀을까? 역시 아편에 대한 강경파인 덩팅쩐은 2년 전 군대를 동원해 대대적인 단속을 하였고 나름의 성과를 내기도 했다. 하지만 항구를 급습하여 아편을 압수하고 자잘한 아편 브로커들을 잡아들이는 일은 잠시일 뿐 근본적인 해결책이 될 수 없었다. 아편을 완전히 근절한다는 것……. 사실 이는 덩팅쩐 스스로도 자신이 없었고 황제도 이를 잘 알고 있었다. 도광제는 고심 끝에 이 일을 할 적임자는 린쩌쉬밖에 없다는 결론을 내렸다.

아편은 마약이고 정부에서 그걸 금지하고 단속하는 건 당연한 일이다. 그렇다면 "오늘부로 아편은 금지하며 이를 어긴 자는 엄중하게 처벌받을 것이다!"라고 공고하면 그만 아닌가? 이게 뭐이 그리 어려운 일인가? 하지만 그게 그렇지가 않았다. 당시 아편이 '해악'이라는 데는 이견이 없었지만 마음대로 금지를 선포할 수만은 없었다. 아편은 이미 부자와 가난한 사람, 하급 관리에서 고위 관리, 군인, 심지어는 황족 할 것 없이 사회 곳곳에 스며들어 있었다. 이의 유통에는 거대 자금과 이권이 연관되어 있었고 당연히 관리들 역시 이 이권의 일부였다. 아편 단속은 거대 이권을 건드리는 매우 민감한 사안이었으며 또한 영국 등 열강의 이익과 관련된 외교 문제이기도 했다.

아편 문제를 두고 정치계는 엄금파(嚴禁派)와 이금파(弛禁派)로 나뉘었다.

으므로 아편 단속은 양광총독의 일이었다.

엄금파는 말 그대로 아편의 수입과 유통, 흡연을 엄격히 금지하자는 주장이었고, 이금파는 완전히 막는 것은 현실적으로 어려우니 차라리 단속을 느슨하게 풀고 국내에서 생산토록 하여 은의 유출이라도 막자는 주장이었다. 19세기 30년대 중엽에는 이들 이금파와 엄금파가 아주 격렬히 투쟁하였다.

아편의 해악이 이렇게 큰 데도 불구하고 왜 '이금'의 입장에 있는가? 이는 리스크를 짊어질 필요가 없고, 또한 그로부터 거대한 부당이득을 얻을 수 있기 때문이라고 후세의 역사책들은 말하고 있다. 물론 맞는 말일 게다. 그렇지만 나는 이렇게 생각한다. 어떤 중대 사안이 발생하고 그 사안이 커져 집단의 주요 이슈가 되면 그걸 바라보는 관점이나 해결 방법의 차이로 인해, 실은 자신들에게 미치는 정치·경제적 유불리에 의해, 반드시 두 개의 진영으로 나뉘게 되어있다. 그리고 이 두 정치 진영은 이 사안을 두고 서로 물어뜯게 되어있고, 시간이 조금 더 지나면 옳고 그름은 온데간데없고 네가 죽지 않으면 내가 죽고, 내가 죽지 않으면 네가 죽는 그런 상황만이 남게 된다. 그래서 동서고금을 막론하고 정치는 항상 적을 눈앞에 두고 분열하였으며 당시 중국 역시 아편이라는 거대 적을 두고 분열하였다.

이금파라고 해서 이들이 모두 아편으로 이익을 얻는 부패한 사람들이라 볼 순 없다. 이들 역시 아편이 나쁘다고 생각하고 있었고 개중에는 국가를 걱정하는 사람들도 있었다. 단지 해결을 위한 접근 방식이 달랐을 뿐이었다. 후에 린쩌쉬와 함께 아편과의 전쟁에 앞장섰던 양광총독 덩팅쩐도 한때는 이금을 주장했었다. 이들이 생각했던 가장 큰 문제는 은이 빠져나가는 것이었고 은의 유출만 막을 수 있다면 굳이 외국과의 마찰을 일으키는 극단적인 방법으로 갈 필요가 있느냐는 주장이었다.

린쩌쉬는 엄금파의 대표 인물이었다. 린쩌쉬는 시종일관 엄금을 주장했고 그가 부임해가는 곳은 아편을 금지함과 동시에 대대적인 몰수가 있었다. 그는 호광총독으로 부임한 후 2개월 만에 한양(汉阳)현, 강하(江夏)현 두 현에서만 1,264개의 아편 흡입대를 몰수했다.

도광제의 입장은? 황제는 표면상으로는 엄금이었으나 실제로는 엄금과 이금 사이에서 갈피를 못 잡고 있었다. 그러다가 은의 유출이 더 이상 두고 볼 수 없는 지경이라고 판단하고는 아편 단속을 결심한 것이다. 도광제는 아편을 근절한다는 것이 매우 어렵고 리스크가 큰 일이라는 걸 잘 알고 있었다. 만약 성공하지 못하면 향후 아편 범람을 막을 수 없을 것이고, 또한 여러 이익 집단이 관여되어 있으므로 왕조의 안위와도 관련 있는 일이었다. 그래서 그는 고민 끝에 이 중책을 수행할 수장으로 린쩌쉬를 지목했다.

황제와의 면담에서 린쩌쉬는 곧바로 "예, 알겠습니다!"라며 덥석 받았을까? 그 반대였다. 그는 자신이 감당할 수 있는 일이 아니라며 명을 거둘 것을 청하였다. 그러나 그것은 받아들여질 리 없었다. 린쩌쉬가 황제를 알현하러 온 첫날 그가 황제에게 절을 하고 무릎을 꿇자 황제는 그에게 방석을 내주었다. 방석을 주는 건 황제가 신하에게 예우를 표하는 것이었다. 린쩌쉬가 도광제 앞으로 간 여덟 번 모두 방석을 내주었다. 다섯 번째 알현에서 황제는 그에게 "말을 탈 수 있겠냐?"고 물은 후(린쩌쉬는 그때 이미 54세였기에 말을 타는 게 불편했을 수도 있다) 린쩌쉬에게 말을 타고 자금성을 나가는 은혜를 베풀었다. 여섯 번째 알현에서는 '말이 불편하면 가마를 줄 테니 그걸 타고 가라'고 했다. 도광제는 린쩌위에게 최고의 예우와 신임을 보여주었고 그런 예우를 하는 것은 '당신에게 이 어려운 임무를 맡길 수밖에 없소.'라는 뜻이었다.

자신의 사양이 받아들여지지 않자 린쩌쉬는 황제에게 아래의 네 가지에 대해 다짐해 주어야 이 일을 맡을 수 있다고 했다.

"첫째, 아편을 근절시키는 것은 필연적으로 외국 아편 판매상들의 저항을 불러일으킬 것입니다. 심지어는 서방 국가의 무장 간섭을 불러올 수도 있습니다. 이러한 상황이 되면 일부 대신들이 제가 '변경 분쟁'을 유발했다는 것을 구실로 아편 단속을 저지하거나 훼손하려고 할 것입니다. 폐하께서는 이때 저의 단속 업무를 간섭하지 않겠다고 약조해 주실 수 있습니까?"

그러자 도광제는 "원격 통제는 절대 없다!"라고 했다. 린쩌쉬의 우려를 해소하기 위해 황제는 그에게 병부상서(국방장관) 직함과 광동성 해군의 지휘권을 주었다.

당시 도광제가 이렇게 자신 있게 말한 건 그가 외국의 입장을 잘 모르고 있었기 때문이다. 그는 '설마 오랑캐가 우리를 공격해 오겠어?'라는 생각을 했고, '설령 무력 시위가 있더라도 고작 배 몇 척이 와서 국지적으로 소란을 일으키는 정도겠지'라 생각했다.

"둘째, 아편의 단속은 관세 수입의 감소를 가져올 것입니다. 이에 대한 마음의 준비를 해두셔야 합니다."

아편 단속을 하려면 일정 기간 수입을 통제하거나 외국과의 무역 마찰이 불가피하며 이는 관세 수입의 감소를 가져올 것이란 건 당연하다. 사실 이것이 이금파가 이금을 주장하는 중요한 이유 중 하나였다. "수입의 감소는 이금파의 비난을 불러일으킬 것입니다." 린쩌쉬는 이러한 사실을 확실하게 설명하고 황제에게 마음의 준비를 해둘 것을 당부했다.

"그러나 이는 단기적인 영향일 것이며 단속이 성공하면 곧 정상을 되찾을 것입니다."

"그래, 알았다."

"셋째로, 폐하께서 외국에 '우리 나라에 아편의 판매를 하지 말라'는 통고문을 반포하십시오."

황제는 알았으니 린쩌쉬와 덩팅쩐더러 초안을 작성하여 올리라고 했다. 그러나 이것은 아마 실행되지 않았을 것이다.

"넷째로 군사 도발에 대비하여 해안의 방비를 강화하십시오!"

린쩌쉬는 영국이 대대적으로 공격을 해올 것이라고까지는 생각하지 않았지만, 아편의 수입금지 조치가 분명 열강의 무력 시위를 불러일으킬 것으로 생각했다. 린쩌쉬는 광저우 인근의 다섯 개 주요 군사 항구에 정예병을 배치시키고 화력을 강화할 것에 대해 이동 중에도 다섯 차례나 주청서를 올렸다.

린쩌쉬는 아편 근절에 대한 황제의 명을 받은 후, 각 부처의 정치인들을 찾아다녔다. 다양한 사람의 의견을 청취하고 지지를 구하기 위해서였다. 린쩌쉬의 계획에 어떤 이는 지지를 표하는가 하면 어떤 이는 우려를 표했다. 아편이라는 마약류를 금지한다는 것에 어느 누가 대놓고 반대를 할 수 있겠는가? 게다가 황제가 이미 아편과의 전쟁을 선포한 마당에 이에 대한 반대 태도를 드러낼 신하는 아무도 없었다. 하지만 린쩌쉬의 아편 단속 플랜에 대한 이들의 애매한 온도 차는 저마다의 정치적 득실에 대한 계산이 깔려있음을 드러내고 있었다. 린쩌쉬는 알고 있었다. 중앙 정계의 지지가 성패에 큰 영향을 미칠 거라는 것을……

1839년 1월 3일 도광제는 정식으로 덩팅쩐과 린쩌쉬로 하여금 서로 협력하여 아편을 막으라는 명령서를 내렸다.

"짐은 요 몇 년 사이에 아편이 날이 갈수록 퍼져 은이 외국으로 유출되고 국가의 원기가 점점 소모되고 있는 점을 심히 우려하여 누차 해당 성에 명을 내려 면밀히 검사를 하도록 하였다. 그러나 그 병폐가 이미 오래되어 일시에 그것이 타파될 수 없을 것 같다. 만약 그 근원을 철저히 조사하고 조치를 취하지 않는다면 이 우환은 향후 그 결과를 상상하기 어려울 것이다. 이에 호광총독 임칙서를 광동성으로 특별 파견하여 항구에서의 일을 조사하도록 명령을 내렸다. 또한 그를 흠차대신(欽差大臣)[3]으로

---

[3] 중대 사건이나 특정 업무 처리를 위해 황제의 특별 임명을 받아 파견되는 관리. 흠

임명하여 광동성의 해군을 그의 지휘하에 둔다. 임칙서는 광동성에 도착하거든 짐의 뜻을 받들어 온 힘을 다해 조사하여 그 폐단의 근원을 뿌리 뽑아야 한다. ………… 중략 ………… 조금도 느슨해서는 안 되며 관망하는 태도를 보이지 말고, 남에게 (책임을) 전가하는 마음을 가져서도 안 된다."

린쩌쉬, 광저우로 향하다

"이랴!" 소리와 함께 마차 바퀴가 움직이면서 흠차대신 린쩌쉬의 광저우행이 시작되었다. 때는 1839년 1월 8일(양)이었다. 린쩌쉬와 수행원들이 탄 4대의 마차는 정양문을 통과해서 남쪽을 향했다. 황제의 호출을 받고 베이징에 도착한 게 12월 26일이었으니 그는 상경 18일 만에 다시 직선거리 2400㎞의 여정을 나선 것이다. 통상 남북 간 장거리 이동은 육로와 운하를 병행한다. 베이징의 동쪽 부두인 통저우(通州)에서 배를 타면 원나라 때 개통한 대운하를 타고 항저우까지 갈 수 있다. 항저우에서 광저우까지도 일부 구간은 마차를 타지만, 또 많은 구간은 배를 타고 간다. 이 경우 2달 반가량이 소요된다. 하지만 린쩌쉬의 광저우행은 절반 이상의 코스를 마차로 이동했다. 최대한 빠른 시간 안에 도달해야 했기 때문이다. 이런 일은 아무리 계획을 치밀하게 세워 놓는다고 하더라도 전격적으로 들이닥쳐야지 현지로

(欽)이란 '황제'를 뜻하고 차(差)에는 '파견하다', '출장가다'의 뜻이 있다.

정보가 새어나가면 효과가 없는 법이다. 이 정보는 광저우 13행과 연결된 조정의 일부 이금파 인사들에 의해 곧 남쪽으로 전달될지도 모른다. 린쩌쉬 일행은 이보다 먼저 도착해야 했다.

황제의 정식 임명을 받고 그는 부랴부랴 가까운 지인들에게 작별 인사를 했다. 이 중 내각중서(內閣中书)로 있던 공즈쩐(龔自珍)은 린쩌쉬를 존경하고 그와 마찬가지로 아편에 대한 엄금을 주장해 왔던 열혈 진보인사였다.

공즈쩐은 비록 평생 낮은 관직에 머물렀지만 청 왕조 후기의 개량주의, 경세치용(실학) 사상의 선구적 인물로, 당대에는 물론이고 청 말의 개화사상과 조선의 개화정치가들에게도 지대한 영향을 끼친 인물이다. 공즈쩐은 떠나는 린쩐쉬를 배웅하면서 『흠차대신 후관侯官 임공을 보내는 글(送钦差大臣侯官林公序)』이라는 장문의 글을 써서 주었다. 후관은 린쩌쉬의 고향으로 후관의 임공이란 '린쩌쉬'를 뜻한다. 린쩌쉬는 달리는 마차 안에서 이 글을 읽었다.

이 글에서 공즈쩐은 린쩌쉬에게 열 가지 항목을 제시하면서 주의를 당부했는데 핵심은 아편을 완전히 금지하고 막을 것, 화기에 신경을 쓸 것, 관리들의 기강을 다잡을 것의 세 가지로 요약될 수 있었다. 특히 군사 충돌에 대비를 하라는 것이 눈에 띈다. 공즈쩐은 "우리가 육지전에서만 대포를 썼을 뿐이지 해상전에서 우리가 가진 대포가 효력을 발휘할지 모르겠습니다."라며 우려를 표명했다. 그러면서 "광저우에 대포를 제조할 공장과 설비가 있는지 모르겠습니다만……"이라고 하면서 린쩌쉬에게 광저우에 도착하면 군대와 무기를 재정비할 것을 당부했다. 또한 "해상 전투는 육지전과 달리 포위하여 섬멸하는 게 불가능하니……"라고 말하며 과거 해오던 육지전만 생각하지 말고 해상전투에 맞는 전략을 준비할 것을 당부했다.

당시에는 아무도 아편의 단속이 외국과의 무력 충돌을 야기시킬 거라고는 생각하지 않았는데 이때 공즈쩐과 린쩌쉬가 이런 생각을 한 건 그들의 혜안이라 말하지 않을 수 없다. 글 끝머리에서 공즈쩐은 이렇게 말하였다. "공(公)께서 이번에 아편 근절을 위해 광저우에 가시는 건 솔직히 성공을 보장한다고는 말할 수 없을 것 같습니다. 하지만 그 용기는 정말 존경해 마지 않습니다. 모든 것이 순조롭기를 진심으로 기원합니다. 만약 제가 필요하다면 공과 함께 가겠습니다."

광저우로 향하는 린쩌쉬의 얼굴은 비장했다. '임청천'이라는 별명을 얻었던 강골 관리인 그였지만 이번에는 솔직히 걱정이 앞섰다. 아편 단속은 겉으로는 행정 조치같아 보였지만 실은 거대 세력과 싸우는 전쟁이자 외교 사안이자 정치 행위였다.

아편의 단속은 어제오늘 일이 아니었다. 1729년 옹정제가 처음으로 아편에 대한 금령을 반포한 이래로(아마 세계사적으로도 처음일 것이다) 중국은 110년간 수십 번의 크고 작은 단속이 있었고 그래서 때때로 아편단속을 벌여오는 것은 해관의 관리들이나 아편 브로커들에게 있어서 이미 (시늉만 하는) 연례행사가 되어버렸다. 더군다나 린쩌쉬가 황제의 명을 받기 얼마 전에도 양광총독 덩팅쩐(邓廷桢)이 도광제의 지령을 받고 광저우 항구 일대에 대한 대대적인 단속을 벌였지만 별로 실효를 거두지 못했다. 린쩌쉬가 만약 기존의 방식을 답습한다면 절대 성공할 수 없었다.

린쩌쉬의 머릿속에는 떠나지 않는 세 가지 근심이 있었다.

아편과의 전쟁에 조금의 차질이라던가 예기치 못한 문제가 생겼을 때 조정의 이금과 정치인들은 나를 벌 떼처럼 공격할 텐데, 이때 폐하께서 굳건히 나를 신뢰하고 약속대로 광저우의 일에 간여하지 않을 수 있을까? 아편 수입을 전면 금지하는 것은 필히 관세의 대폭적인 감소를 야기할 텐데 폐하께서 말은 '알겠다'고 하셨지만 실제 어느 정도 시간이 지나면 그것을 감당하실 수 있을까? 아편수입을 전면 금지시키면 분명 외국 상인들이 반발할 것이고 이들의 무력 시위가 있을 수도 있다. 우리는 이에 얼마만큼 대비가 되어 있나?

마차 안에서 수행원이 물었다.

"나으리, 폐하께서 이렇게 나으리를 신임하시고 광동성의 모든 행정권과 군권을 주셨으니 이제 아편쟁이들을 깡그리 잡아들이는 일만 남았습니다."

"그게 그렇게 간단치가 않다네. 자네는 우리가 아편쟁이들과 싸운다고 생각하나?"

"그럼 우리의 적은 누구란 말입니까? 아편을 파는 서양 오랑캐 놈들과 그걸 받아서 파는 상인 놈들, 그리고 그걸 피워대는 아편쟁이들이 아니고서야 누가 있겠습니까?"

"음, 자네 말이 틀린 말은 아니지. 그렇지만 우리를 짓누르는 더 큰 위협은 따로 있다네."

"그게 누구입니까?"

"곧 알게 될 걸세……."

2장

✤

동인도회사
(East India Company)

해상 패권

훨씬 더 앞으로 가면, 포르투갈과 스페인, 이 두 개의 초기 식민지 개척 국가가 근대 국제 무역의 선조였다. 포르투갈의 바스코 다 가마는 희망봉을 돌아 아시아로 가는 해로를 개척했고, 스페인의 콜롬버스는 대서양을 횡단하는 과감성을 발휘한 끝에 아메리카 신대륙을 발견하였다. 고로 16세기의 세계 무역은 이 두 나라의 상선에 의해 이루어졌다 해도 과언이 아니다. 특히, 포르투갈은 1510년에 인도 서쪽 고아(Goa)주를 식민지로 만들었고 그 후로 이곳은 오랫동안 극동과 유럽을 연결하는 기항지의 역할을 하였다.

유럽인들에게 대항해의 시대가 열리고 있었을 때 중국의 명 왕조는 반대로 빗장을 걸어잠그고 있었다. 후세 사람들은 이때부터 동서양 두 세계의 운명이 갈리기 시작했다고 말한다. 그러나 역사를 조금이라도 아는 사람이라면 중국의 쇄국정책을 가지고 명 태조 주원장과 그 뒤를 이은 주씨 집안 사람들만 나무

미몽 속의 제국

랄 수는 없다는 걸 잘 알 것이다. 유럽과 중국은 본질적으로 달라도 너무 달랐다. 중국은 하나의 세계를 이루기에 충분히 컸고 이들이 무역의 필요성을 느끼지 못한 건 당연하다. 반면 그 큰 대륙에는 안팎으로 아주 많은 사회 불안 요인과 안보 문제가 있었고 중국의 역대 통치자들은 이들을 관리하는 데만도 버거웠기 때문이다. 많은 사람이 중국이 왕조 교체기마다 수백만, 천수백만 명이 목숨을 잃는 대규모의 내전과 학살을 겪었다는 사실, 그리고 그 트라우마가 이들이 통일 왕조를 이루었을 때 어떤 방어 기제로 작용했을지에 대해서는 크게 염두에 두는 것 같지 않다. 특히 유럽인들은 이를 잘 이해하지 못했을 것이다. 중국인들의 영토 내에는 민란과 봉기의 위험성이 항상 도사리고 있었고, 만리장성을 두고는 몽고와 만주족을 상대해야 했으며, 긴 해안선은 왜구의 약탈에 그대로 노출되어 있었다. 이런 지정학적 안보 환경과 사회불안, 거대 인구와 시장이라는 요인들을 감안할 때 당시 중국이 외부 세계와의 단절을 선택한 것이 일면으로는 이해가 불가능한 일은 아니다.

유럽과 동북아의 해상무역사에 있어서 중대한 발걸음은 1550년대에 포르투갈이 중국(당시 명 왕조)으로부터 마카오를 장기 임대하여 무역 기지로 사용한 것이다. 건국 이래로 줄곧 쇄국을 유지했던 명나라가 중후기에 들어서 광저우 인근 항을 다시 개방한 것은 무엇 때문이었을까? 이는 경제적 이유와 안

보 측면 때문이었다. [4]

광동성은 예로부터 수출입 관세가 주 수입원이었다. 그런데 오랫동안 이걸 틀어막고 있었으니 지방 정부의 주머니가 허전했다. 게다가 명 왕조는 후기로 가면서 민란 진압, 관리들의 부패 등으로 돈이 줄줄 새면서 점점 자금이 궁해졌다. 또 하나는 무역을 원천적으로 틀어막자 그 부작용으로 밀무역과 해적들의 노략질이 성행했다. 포르투갈 상인들은 인근의 해적들과 손을 잡고 연안 지역을 습격하여 약탈하였고 이는 명 왕조로서 골치 아픈 일이었다. 결국 포르투갈 무역상들에게 정식으로 무역을 할 수 있는 길을 터주어 해적들과 결별하도록 유도한 것이다. 하지만 마카오를 개방한 건 외국 상인들이 입항하여 거래하는 것을 허용했다는 뜻이지 중국 상인들이 해외로 나갈 수 있었던 것은 아니다. 중국 상인들의 출항이 제한적으로나마 허용된 건 1567년(명 륭정隆靖 원년)에 푸젠성(복건성) 샤먼(廈门)을 개방한 데서 비롯되었다.

중국의 서양과의 무역은 단지 마카오를 통해서만 이루어졌다. 하지만 마카오는 중국과의 무역뿐 아니라 일본의 나가사키항, 태국, 필리핀, 인도네시아 등 동아시아 무역의 허브 역할을 하였다. 포르투갈과 네덜란드인들은 인도와 동남아시아에서의 식민지 경영으로 거둬들인 후추, 육두구와 같은 향료를 유럽에

---

4) 광저우는 원래 당 왕조 이래로 중국의 전통적인 무역항구였다. 명 태조 주원장의 쇄국 정책으로 민간무역이 거의 중지 상태에 있다가 1529년에 명 정부는 광동성을 다시 개방하였고 뒤이어 마카오를 포르투갈에게 임대하였다.

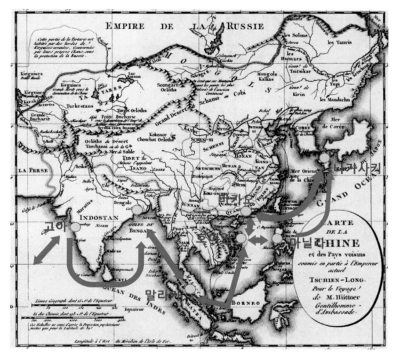

16~17세기 아시아 무역 네트워크

가져다 팔아 큰 이익을 남겼고, 그 돈으로 마카오에 가서 중국산 차, 비단, 도자기와 같은 사치품을 사서 또 유럽에 가져다 큰 이익을 남겼다. 일본에는 총과 같은 무기류를 팔아 일본의 풍부한 은을 챙겼다. 불행히도 조선만 '고아-말라카-호이안-마카오-나가사키'로 이어지는 유라시아 해상 무역루트 대열에 끼지 못하였다.

　포르투갈과 스페인, 이 두 이베리아 국가들은 신항로를 독점함으로써 막대한 부를 획득하였지만 이들의 독점은 언젠가는 깨지게 되어 있었다.

1588년 8월 8일 영국과 스페인 간에 벌어진 칼레(Calais) 해전은 새로운 해상제국의 탄생을 알리는 서막이었다. '엘리자베스 1세가 이끄는 영국 해군이 스페인 필리페 2세의 무적함대를 깼다'고 우리에게 잘 알려져 있는 이 해전은 실은 '영국의 완승'이라고 볼 수만은 없다. 하지만 이 전쟁을 계기로 영국은 스페인, 포르투갈의 독주를 끝내고 이들의 해상패권을 잠식하기 시작한다.

1602년 네덜란드가 동인도회사라는 걸 설립하였고 영국은 이를 벤치마킹하여 영국 동인도회사를 설립하여 동방무역의 독점권을 부여하였다. 이로써 유럽에서는 국가와 상업자본이 결합된 세계사 최초의 정군상(政軍商) 복합체가 탄생한다.

17세기 초에 들어 동방무역의 지각 변동이 일어났다. 포르투갈이 쇠퇴하고 그 자리를 네덜란드와 영국이 대체하기 시작한 것이다. 포르투갈은 17세기 초가 되면 동남아시아와 일본에서는 네덜란드에게, 인도에서는 영국에게 자리를 내주게 된다. 네덜란드와 영국, 이 두 신흥 해상패권 국가는 공교롭게도 모두 신교를 믿는 국가였고 둘 다 동인도회사를 앞세워 해외 원료 시장과 판매 시장을 개척하고 있었다.

포르투갈의 해상무역 패권이 영국과 네덜란드로 넘어갈 즈음에 중국에서도 큰 변화가 일고 있었다. 명에서 청으로 왕조가 교체된 것이다. 그러자 중국과의 무역에서 마카오를 통한 포르투갈의 독점이 해체되고 그 자리를 영국이 비집고 들어갔다. 마카오에는 19세기 초까지 여전히 포르투갈의 마카오 총독이 파견되었고 실질적으로 포르투갈의 관리하에 있었지만, 중국의 대외무역에 있어서는 마카오의 중요성이 예전과 같지 않았다. 왜냐하면 새로 들어선 청 왕조는 전통적인 무역항구인 광저우(广州)를 다시 열었고 서양 배들은 광저우로 바로 입항할 수 있었기 때문이다.

광동성 연안

중국 대륙의 주인이 만주족으로 바뀌면서 중국과의 무역 파트너 역시 영국이 자리를 잡아갔다. 공교롭게도 비슷한 시기 섬나라 일본에서는 도쿠가와 막부가 세워지면서 이들의 전통적인 무역 파트너인 포르투갈이 쫓겨나고 이를 네덜란드가 대체하였다. 영국인들은 포르투갈인들보다 훨씬 상업적이었고 공격적이었으며 탐욕스러웠다. 영국은 이 거대한 시장에서 자신들이 이것밖에 못하고 있다는 것에 항상 불만이었고 이를 늘리고자 끊임없이 노력하였다. 그리고 이 과정에서 중국과의 충돌은 필연적이었다.

두 동인도회사의 합병

1637년 6월 25일, 영국인 웨델(John Weddell)이 이끄는 4척의 중무장한 군함이 마카오에 도착했다. 때는 조선의 국왕이 만주족 홍타이지에게 삼궤구고를 한 "삼전도의 굴욕(1637.2.24)"이 있은 지 4개월 뒤였고, 명나라는 막 청으로 이름을 바꾼 만주족에게 요동을 빼앗기고 수도권을 지키는 최전방 도시인 녕원이 함락 위기에 있었으며, 남쪽에서는 여기저기 민란이 일고 있던 시기였다. 즉, 명청 교체 전야였다.

웨델이 군함을 이끌고 마카오로 온 사건은 영국 내부의 무역 이권 투쟁과 관련이 있었다. 영국의 자본가인 윌리엄 커튼(William Courten)은 동인도회사가 동방무역을 독점하는 것에 불만을 품고 있었고 이를 깨기 위해 1635년에 커튼 협회(Courten association)란 걸 설립하였다. 동인도회사의 대항마로 탄생한 이 회사는 엘리자베스 1세의 다다음 왕인 찰스 1세가 비공식적으로 뒤를 봐주었다. 엘리자베스 1세가 승인한 동인도회사는 원래 15년짜리 한시적 독점권이 주어진 회사였으나 그 뒤를 이은 제임스 1세는 이 회사의 독점권을 무기한으로 연장해 주었다. 그러자 이에 반발하는 상인연합이 생겨났고 그 뒤를 이은 찰스 1세는 정치적 이유로 커튼 협회(Courten association)를 승인하면서 동인도회사와 겹치지 않는 범위에서 동방 무역을 허용하였다. 이로써 두 개의 영국 국적 동인도회사가 동방 무역을 두고 경쟁하게 되었다. 특히 후발 주자인 커튼 협회(Courten association)는 매우 공격적으로 나가면서 아시아 국가들과 마찰을 빚기도 했는데 그 대표적인 사례가 웨델의 광저우 입항 난동사건이었다.

1636년 커튼은 해군 장군 출신인 웨델에게 6척으로 이루어진 함대 지휘권을 주면서 인도로 가서 동양 무역을 개척할 것을 지시하였다. 이듬해인 1637년 웨델은 이 중 4척을 이끌고 중국과의 무역을 개척하고자 인도를 떠나 마카오로 갔다. 그러나 당연히 자신들의 밥그릇을 나누고 싶은 생각이 없던 마카오의 포르투갈인들은 웨델의 입항을 거부하였다.

그런데 웨델은 이에 굴하지 않고 배를 몰고 광저우의 호문(虎門)으로 왔다. 호문의 해안방어대는 외국 선박이 해상으로 들어올 때는 반드시 광저우 당국의 허락을 받아야 하니 6일 후에 답을 주겠다고 했다. 당시 호문의 수비 대장은 만일의 사태에 대비하여 적극적으로 포대를 정비하고 있었다. 그러나, 웨델은 중국의 지시를 무시하고 해안방어군의 제지에도 불구하고 제멋대로 함대를 광동성 내하로 진입시켰다. 중국 해안포대 수비군은 대포를 쏘며 경고했으나 웨델은 서슴없이 공격하여 포대를 점령하였다. 게다가 부근의 마을에 방화를 하였고 배를 광저우 부근까지 몰았다. 이들은 양모나 모직물 같은 물건을 팔고 사탕과 생강 그리고 약간의 찻잎을 실은 후에 떠났다.

웨델의 중국과의 통상 시도는 성공했다고 볼 수 없었다. 그렇지만 이 사건은 중국과 영국이 직접적으로 접촉한 최초의 사건이자 영국과 중국의 긴 악연의 서막이었다.

한편 영국 본토에서는 의회파와 왕당파 간의 내전인 청교도혁명이 일어났고 올리버 크롬웰이 이끄는 의회파가 승리하면서 1649년에 찰스 1세가 처형된다(때는 명나라의 마지막 황제가 자금성 뒷산에서 목을 매어 자살한 지 5년 후이다). 이는 지구상에서 최초로 의회가 중심이 된 근대 정치 체제의 탄생을 알리는 아주 중요한 사건이었다. 이로써 찰스 1세의 지원을 받던 커튼협회(Courten association)도 위기를 맞으면서 Assada company로 사명을 바꾸게 되고, 1657년에 올리버 크롬웰은 이 두 개의 동인도회사를 하나로 합병하였다. 이렇게 하여 의회로부터 권한을 부여받은 거대 무역회사가 탄생하였고 이때부터 영국의 동인도회사는 영국 정부를 대신하여 아시아를 휘저으며 무역, 외교, 군사 등의 식민영업을 하는 괴물 조직이 되었다.

때맞춰 중국은 명 후기로 가면서 서서히 쇄국을 풀기 시작했는데, 1521년 명 가정제의 광저우 개방에 이어 1567년에 그 유명한 "융정개관(隆靖开关, 명융정제의 해금정책 해제)"으로 샤먼항이 개방되었다. 1644년 중원을 접수한 청은 명 왕조 후기의 이러한 개방 기조를 이어받았고 영국 동인도회사는 때를 놓치지 않고 광저우에 상관(해외법인)을 설립하였다(1669). 그 후로 영국

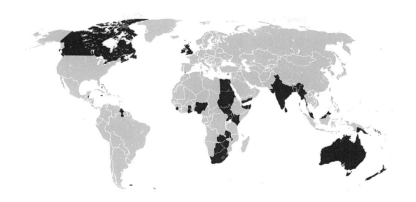

대영제국 최대 강역

동인도회사의 상선은 계속해서 타이완, 샤먼, 첸저우, 푸저우, 닝보 등지의 동남부 해안지구에서의 무역 기회를 개척하고자 했다. 17세기 중엽에서 18세기 중엽까지의 100여 년간의 계속되는 노력으로 영국은 중국의 최대 무역 파트너가 되었다.

3장

광저우 십삼(十三)행

정성공(郑成功)과 청의 해안 봉쇄 정책

1644년, 부패할 대로 부패한 명 왕조가 스스로 멸망하고, 이 틈을 타 만주족의 청이 만리장성을 넘어 중원의 새 주인이 되었지만, 청 왕조는 초기에 쉽지 않은 시기를 겪어야 했다. 왜냐하면 청 왕조는 자금성 입성 후 상당 기간 한족들의 저항 운동에 시달려야 했기 때문이다. 생각해보면 이는 너무나도 당연하다. 미개하다고 업신여겨왔던 소수 민족에게 자신들이 지배를 받게 되었으니 말이다. 게다가 만주족들은 전 인민을 대상으로 변발과 환복 조치를 단행하였고 이는 전국적인 반청 감정에 불을 지폈다. 그 후 약 20여 년 동안 청 왕조는 각지에서 일어나는 반청 무장 세력들과 전쟁을 해야 했는데, 이들을 특히나 근심에 빠뜨린 세력이 있었으니 이는 다름 아닌 해상왕 정성공(郑成功) 세력이었다. 타이완을 근거지로 한 정성공 세력은 단순한 해적 수준이 아니었다. 이들은 하나의 국가를 이룰 정도의 거대 해상 세력이었고 해전의 경험이 별로 없는 청 군대는 이들에게 속수무

미몽 속의 제국

책으로 당할 수밖에 없었다. 마치 명 왕조가 몽고족을 북쪽으로
몰아내고 한동안 북쪽의 우환으로 인해 발을 뻗고 잠을 못 잤던
것과 마찬가지 상황이었다.

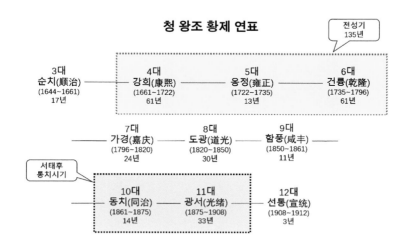

청 왕조 황제 연표

전성기
135년

3대
순치(順治)
(1644~1661)
17년

4대
강희(康熙)
(1661~1722)
61년

5대
옹정(雍正)
(1722~1735)
13년

6대
건륭(乾隆)
(1735~1796)
61년

7대
가경(嘉庆)
(1796~1820)
24년

8대
도광(道光)
(1820~1850)
30년

9대
함풍(咸丰)
(1850~1861)
11년

서태후
통치시기

10대
동치(同治)
(1861~1875)
14년

11대
광서(光绪)
(1875~1908)
33년

12대
선통(宣统)
(1908~1912)
3년

1655년(순치 12년), 절민(저장성과 푸젠성)총독 툰타이(屯泰, 청
초기의 총독들은 모두 만주족이었다)는 황제에게 정성공 세력을 약
화시키는 방안을 올렸는데 그것은 '봉기 세력이 해안의 주민들
과 접촉하지 못하도록 하여 이들의 보급원을 끊자'는 것이었다.
그리고 이것이 받아들여져서 이듬해에 "상민(商民)의 배가 사사
로이 출항하는 것을 엄금한다!"라는 《해금칙서神严海禁敕谕》가
반포되었다. 그러나 해금 조치가 정성공 세력에 큰 타격을 주지
못하였고, 오히려 4년 후인 1659년에 이들은 16만 대군을 이끌
고 장강을 거슬러 올라와 주변 도시들을 점령하고 급기야 난징
을 포위하는 일이 벌어졌다.

이 일이 있은 후 순치제는 특단의 조치를 취했는데, 그것은 저장, 푸젠, 광동의 해안 주민들을 전부 내지로 강제 이동시킨 것이다. 1660년부터 수십만 명의 어민들이 서쪽으로 수십 리 이주되었고 이에 저항하는 사람들은 감옥에 가거나 처형을 당하기도 했다. 청 정부는 이것도 모자라서 해안에 담벼락을 쌓기도 했다.

이로써 중국의 동남 해안은 사람이 안 사는 무인지대가 되었고 해금(海禁)은 최고조에 달했다. 이 조치는 중국의 해상 역사에서 매우 불행한 사건이나 정성공 세력을 약화시키는 데는 효과를 발휘하였다. 왜냐하면 해상 세력이란 내륙으로부터 물자를 공급받아야 하기 때문이다.

한편, 청 왕조 초기의 해금정책으로 반사 이익을 본 나라가 있었으니 다름 아닌 조선이었다. 일본과 중국과의 해상 무역이 막히자 조선이 '일본-중국' 간 중계무역지가 되었고, 이로서 17세기 후반에서 18세기 초에 걸쳐서 반짝 다량의 일본 은이 조선으로 유입되었다.

타이완 점령과 강희제의 4구 통상 개방

그 뒤를 이은 강희제는 그가 30살이 되던 해에(1683년) 정성공 집단을 완전히 섬멸하고 타이완을 청의 영토로 귀속시켰다. 타이완이 중국의 지도에 편입된 건 이때부터이다.

강희제는 그렇게 꽉 막힌 사람이 아니었다. 그는 바다에서의

미몽 속의 제국

위협이 제거된 마당에 해금을 유지할 필요가 없다고 생각하고 해금(海禁) 조치를 해제하고 바닷가 주민들을 원래 거주지로 옮기는 것을 허용하였다.

"재화를 무역하고 유통시키는 것은 각 성에 모두 이익이 되는 일이다. 해외로 나가 무역을 하는 것은 본디 가난한 백성이 할 수 있는 게 아니다. 부상(富商)들이 무역에서 얻는 게 없으니 그로부터 나오는 세금도 적고 저장성과 광동성의 군량과 급료를 충당할 수가 없어 다른 성으로부터 충당해온다. 내지 성이 분담하여 보내는 노고를 면하게 하면 내지 성은 양식과 돈이 많아질 것이고 백성들이 안심하고 부양할 수 있을 것이다. 고로 이제 해외무역을 개방하고자 한다."

강희 23년에(1684)에 광동(粤), 복건(闽), 절강(浙), 강소(江)의 네 개 성에 해관이 설치되면서 해금이 정식으로 해제되었다. 네 개 지역에 해관을 두었다고 하여 이를 "4구 통상(4 port system)"이라 부른다. 해당 성에는 각각 대관(大关口, 해관 본부)이 있었고 그 관할로 주변 다수의 항구도시에 소관(小关口)을 두었다. 네 개의 대관은 광저우(广州), 샤먼(厦门), 닝보(宁波), 롄윈강(连云港)이었다.

광저우 13행의 탄생

비록 순치제와 강희제 사이에 28년간의 해금(海禁) 시기가 있긴 했지만 17세기 말까지 청 왕조의 대외무역 정책은 대체적으로 '명 후기 이래의 개방정책'을 유지했다고 말할 수 있다.

그러나 18세기, 1700년대에 들어오면서 실질적인 무역이 다시 광저우로 집중되는 현상이 벌어진다. 명목상으로는 4개 항구가 개방되긴 하였으나 점점 서양 배들은 광저우를 제외하곤 입항 허가를 받지 못했다. 한곳으로의 독점은 결국 여러 가지 통제, 불투명성, 횡포를 낳았고, 중국과 무역을 확장하고 싶은 서양 상인들은 자신들의 이러한 피동적인 거래 환경이 불합리하다고 생각하고 불만을 갖게 된다.

분명 강희제의 '4구 통상(4 port system)' 정책으로 무역항이 다변화되었는데, 시간이 흐르면서 다시 광저우로 무역이 집중된 이유는 무얼까? 이를 이해하려면 '광저우 13행(广州十三行)'을 이야기하지 않을 수 없다.

강희제의 '4구 통상' 이래로 제한적이나마 중국이 개방정책을 취하였고, 때맞춰 유럽의 중국 제품(특히, 차)에 대한 수요가 커짐에 따라 중국의 서구 국가와의 교역량은 날로 증가하였다. 이에 청 정부는 좀 더 전문화되고 규모있는 무역 전문가 집단의 필요성을 느끼게 되었고, 이에 중국 역사상 최초의 관방 무역전문 집단인 "광저우 13행(广州十三行)"이 탄생하게 된다. 1685년 (강희 44), 청 정부는 광동성의 자금력이 강하고 신용이 좋은 회사 열세 곳을 선정하여 이들에게 광저우 항구에서 수출입을 할 수 있도록 특약을 주었다. 동시에 해관을 대리하여 관세를 거두도록 하였다. 광저우에 전 중국의 수출입을 도맡아 하는 반(半)

국영, 반(半) 민영의 독점적 무역 조직이 생긴 것이다. [5]

이들 열세 개 행상(회사)은 서로의 이익을 위해 연합하여 하나의 회사연합을 형성하였고, 그것이 소위 "공행(公行)"이라고 하는 것이 되었다. 1720년 11월 26일, 공행의 여러 회사 대표들은 서로의 피를 마시며 열세 개 규정에 대해 맹세했는데 그 첫 번째 조항은 "황제의 은덕에 절대 충성하고 보답하자는 것"이었다. 봉건 전제주의 사회에서 이런 말은 립서비스였다고 여길 수 있지만 이들이 조직된 배경과 진짜 목적, 그리고 이들이 국가로부터 받은 특수한 지위를 통해 얼마나 많은 부를 축적하였는지를 알면 '황제의 은덕에 절대 충성을 하겠다는 말이 그냥 하는 말이 아닐 수도 있겠구나'라는 생각을 하게 될 것이다.

13행 중 이화행(怡和行), 광리행(广利行), 동부행(同孚行), 의성행(义成行)의 4대 행상(회사)의 회장인 우빙젠, 루관헝, 판요두, 예샹린은 '광저우 4대 부호'라 불리었으며, 그들의 자산 총합은 국고에 있는 돈보다도 많았다. 참고로 청대의 재정 수입은 아편전쟁 이전에는 가장 많았던 해가 백은 4천 8백만 량이었고 18세기에서 19세기 초반까지는 평균적으로는 대략 백은 4천만 량 좌우였다.

양행의 거두 중 하나인 판씨 가족의 호화별장은 광저우 주강변에 지어졌는데 성대하고 기풍이 있어서 흠차대신, 총독, 순무

---

5) 광저우 13행은 처음에 열세 개 회사로 시작했기에 통상적으로 13행이라 부르지만 실제로는 고정적으로 13개가 아니었다. 가장 많았을 때에는 26개까지 늘었다가 가장 적었을 때에는 4개밖에 없었을 때도 있었다.

와 같은 최고위 관리와 외국의 사절이 종종 이곳에서 만남을 가지곤 했다. 13행 상관(본사) 건물 역시 화려하기 이루 말할 수 없었으며 이들은 전국에 5,000여 개의 판매점을 보유하고 있었다.

이화행은 13행의 총행(대표회사)이다. 이화행의 회장인 우빙젠(伍秉鑑)의 개인 재산은 1834년에 은 2,600만 량이었다고 하는데 만약 이 수치가 사실이라면 비슷한 시기 조선의 중앙 재정수입의 10배에 달한다.[6] 그래서 그는 당시 서방인들에 의해 "천하제일부옹"이라 불렸으며 19세기 중기에 미국에서 우씨의 로고가 있는 찻잎은 가장 비싸게 팔렸다고 한다. 우빙젠은 중국뿐 아니라 외국에도 자산을 보유하고 있었는데 그는 한때 영국 동인도회사의 최대 채권자였다. 2001년《아시아 월스트리트 데일리》는 천년 간의 전세계 부호 50인을 선정하였고 거기에는 중국인 6명이 있었는데 우빙젠(伍秉鑑)도 그중 한 사람이었다. 아편전쟁 후 광동의 한 관리가 황제에게 올린 보고문에 의하면 광저우에서의 아편소각이 아편전쟁을 불러일으켰지만 정작 그 전화(戰火)는 광동을 피해 갔는데 그에는 13행 상관들이 쟁여놓은 다량의 외국회사들의 자산과 무관치 않다고 하였다.

---

6) 1790년 조선의 중앙재정수입은 상평통보 기준으로 790만 량이었다. 백은 1량이 상평통보 4량과 등가였으므로 조선의 1년 재정수입은 백은으로 환산 시 약 200만량이다. 참고로 1791년 청의 중앙재정 수입은 4359만 은량이었으므로 당시 조선의 재정 규모는 청의 20분의 1 정도였다. 참고로 2021년 기준 한국의 재정수입은 중국의 8분의 1이다.

청 정부 또 하나의 자금창구

광저우(广州) 13행상은 량화이(两淮) 염상, 산섬(山陝) 상인집단과 함께 청대 중국의 3대 상인집단으로 불렸고, 19세기 중반까지 중국의 가장 부유한 상인 그룹이었다. 량화이 염상은 량화이(两淮) 지역의 소금 독점에서 출발한 상인 집단이고, 산시성과 섬서성의 상인집단인 산섬(山陝) 상인집단은 군수물자를 공급하면서 크게 일어선 상인 군체이다.[7] 이들 세 부상 집단의 탄생은, 멀게는 동인도회사의 탄생 역시 마찬가지로, 사실 본질적으로 같은 정치적 배경과 성격을 가지고 있다. 그 핵심은 "통제와 독점", 다시 말하자면 국가의 통제에 응해야 한다는 것과 국가로부터 부여받은 독점권이었다.

[량화이(两淮) 염상]

량화이 염상에 대해 대략적으로 알고 넘어가는 것은 광저우 13행의 탄생과 이들의 존재가 청 정부에 의미하는 바가 무엇이었는지를 이해하는 데 참고가 될 것이다.

'량화이(两淮)'란 글자 그대로는 '화이허(淮河, 회하)'의 북쪽과 남쪽을 뜻하는데 청대의 량화이(两淮)는 대략적으로 장쑤성(江苏省)의 장강 이북 지역을 뜻한다고 보면 된다. 957㎞의 해안선을 가지고 있는

---

7) 이들 부상 집단은 하나의 회사를 의미하는 것이 아니다. 광저우 무역집단이 13개 회사로 구성되어 있듯이 량화이 염상, 산섬 상인집단 역시 그 지역의 동종업에 있는 다수의 회사들을 통칭하는 개념이다. 물론 이들은 관시로 긴밀하게 연결되어 있었으며 총행의 통솔과 엄격한 상거래 관행에 의해 나름의 체계와 질서를 유지하였다.

장쑤성은 예로부터 중국의 중요한 소금 산지였다. 청대에는 양저우에서 연해 지역까지 단 몇 백리에 걸친 지구에 20여 개의 크고 작은 소금 공장이 위치해 있었고, 이곳에서 생산되는 소금은 허난성, 안후이성, 장시성, 장쑤성, 후난성, 후베이성의 여섯 개 성을 커버하였다. 이들 지역은 당시 중국의 경제 중심지이자 인구 밀집 지역으로 량화이 소금의 절대적인 지위를 보여준다. 명청 시기에는 량화이 지역의 소금 산업을 관리하기 위해 종3품의 량화이 염운사(兩淮盐运使)를 두었고 그의 근무지는 장쑤성 양저우였다. 혹시 양저우를 지나게 되면 이곳이 한때 소금의 메카였다는 것을 떠올려도 무방할 듯하다.

염상 집단은 지역의 소금 사업을 독점하면서 커진 상인들이다. 그럼 이들은 어떻게 소금 사업이라는 거대 이권에서 독점권을 얻게 되었을까? 농업 사회에서 소금은 오늘날의 석유에 상당하는 물자였다. 2천 수백여 년 동안 중국은 소금을 틀어쥔 자가 부를 거머쥐게 되어 있었고, 역대 왕조는 소금 산업에서 최대한의 재정 수익을 챙기기 위해 부단히 정책을 수정하고 또는 새로운 정책을 고안해 내기도 했다. 심지어 소금 사업을 완전 국유화하여 수입을 극대화하려는 시도도 여러 번 벌어졌었다. 이는 소금에서 나오는 수입이 정부 재정수입에서 가장 큰 비중을 차지했기 때문이다.

중국은 지금으로부터 8~9백년 전인 송나라 때부터 소금의 염인(盐引)제를 실시하였다. 염인(盐引), 또는 염초(盐钞)라 부르는 이 종이로 된 증서는 한마디로 '소금권'이다. 소금의 생산은 민간이 하였지만 도매유통을 정부가 엄격히 통제하였던 것이다. 어떤 곳은 돈만 있다고

미몽 속의 제국

밥을 사 먹을 수 있는 것이 아니라 식권을 내야 밥을 준다. 이렇게 하는 이유는 그 식당에서 밥을 먹는 사람의 자격과 수량을 엄격히 제한하기 위해서이다. 일종의 멤버십 같은 거라 볼 수도 있겠다. 고대 중국에서 이렇게 "인(引)"제를 한 대표적인 산업이 "소금과 차(茶)"였다. 거액을 내고 소금 매매 자격증을 얻은 사람들을 염상이라 했고, 이들은 관부로부터 염인을 구매해서 그것을 소금으로 바꿨다. 염인에는 소금의 양이 적혀있었고 그걸 들고 소금 공장에 가서 제출하면 그만큼의 소금으로 바꿔주었다. 그들은 그 소금에 몇 배의 이윤을 붙여 유통시켰고 정부는 운송 과정에서 또다시 세금을 거두었다. 송 왕조 때는 염인 1장당 115근이었고 청 왕조 때는 300근이었다. 정부는 매년 염인 수십만 장을 팔아서 수입을 챙겼고 소금이 주요 지역을 통과할 때마다 세금도 거두었다. 염인은 소금상 간에 서로 매매도 가능한 유가증권과 같은 것이었다. 중국은 19세기 30년대까지 염인제를 유지하였는데 이는 역사 내내 소금에 대한 엄격한 유통 자격 관리와 수량 관리를 하였다는 걸 뜻한다.

그런데 정부가 절대 놓지 않을 것 같은 이런 거대 이권 사업이 어떻게 하여 상인 그룹의 손으로 넘어갔을까? 이 얘기를 하자면 길고 복잡하다. 중국의 소금 경제사를 이야기해야 하기 때문이다. 하지만 간단히 말하자면 국가가 소금이라는 거대 사업을 운영함에 있어서 최대 수익을 내는 방법으로 꼭 관부가 유통을 직접 관리하는 것만이 능사는 아니라는 것을 깨달았기 때문이다.

석유, 철강, 소금, 차(茶)와 같은 단일 품목이면서 수요가 어마어마한 원자재 상품(commodity)을 중국과 같이 거대한 시장에 유통시킬 때는 어떤 어려움에 직면하는가? 유통 질서를 구축한다는 것이 쉽지 않은 일이다. 쉽게 말해서 처음에는 정책대로 잘 돌아가는 듯하다가도 어느 순간부터 '혼란(亂)'해 진다. 도소매상들은 시간이 지나면서 정부가 정한 가격 가이드를 잘 지키지 않는다. 장쑤성에서 영업하는 상인은 매출에 욕심이 생겨 인접한 저장성에 물건을 뿌리다 저장성 상인에게 발각되어 서로 분쟁이 일어나기도 한다. 자금력 싸움에서 져서 파산하는 업체도 나오는가 하면 몸집을 불린 몇몇 업체가 시장 가격을 가지고 장난을 칠 수도 있다. 이런 일들을 정부 조직이 관리들을 풀어서 하나하나 관리한다는 건 비용만 많이 나가고 안정적인 수익을 실현시키지도 못하는 방법일 지도 모른다. 왜냐하면 청(淸)나라 때는 이미 한(漢)나라 때가 아니었기 때문이다. 사회와 경제가 이미 거대해지고 고도화되었다. 이런 상황에서 장사를 모르는 관리들을 잔뜩 풀어놓고 시장을 관리한다는 것은 비전문적이고 비효율이었다. 자금과 인력이 충분한 대기업들도 전국 총판이나 지역 총판제를 쓰는 것은 다 이런 이유 때문이다. 청 왕조 통치자들은 이 점을 간파하였다. 이들은 시장의 질서를 유지하면서도 왕조에 안정적이고 높은 수익을 가져다주는 새로운 운영 시스템이 필요했다.

청 정부는 소금의 판매 권역을 몇 개로 나눈 후 그 권역 내에서 자금력이 강하고 평판이 좋은 상인들을 선정하여 이들에게 집중하는 방식을 취했다. 이런 접근은 후에 '대외무역'이라는 전혀 다른 산업에서도 동일하게 적용되었다. 유통 시장이 질서를 잃거나 시장에서 재미를 못 보는 상인들이 장사를 접는 일이 발생하는 것은 '경쟁'과 '자율'이 주어지기 때문이다. 최소한 청의 통치자들은 그렇게 생각하였

미몽 속의 제국

다. 그래서 이들은 '자율경쟁' 요소를 없애고, 대신 소수의 자금력과 인력 그리고 충성심을 갖춘 상인들로 반半 정부기관을 만들어 이들로 하여금 정부 지침에 절대복종하며 하부 유통을 통제하도록 하였다. 그 대신 이들 소수의 상인 집단에게는 안정적이고 장기적인 부가 보장되었다.

청나라가 실시한 '강염제(纲盐制)'라고 하는 이 제도는 사실 명나라가 멸망을 27년 앞둔 1617년에 고안한 제도이고, 청은 이를 계승하고 발전시킨 것이다. 명 후기로 오면서 지방 관리들이 부패하고 소금 산업의 관리가 제대로 이루어지지 않자 명나라 소금 유통 정책은 문제를 드러냈고 소금 산업이 그야말로 '혼란(亂)'해졌다. 유통 시장의 혼란은 당연히 명 정부의 세수에 치명적인 타격을 입혔고 명 정부는 이를 개혁하지 않으면 안 되었다. 명 만력제는 관부가 가지고 있던 유통관리 역할을 상당 부분 거상들에게 이전하는 소금산업 개혁을 단행하였는데 그 이유는 이렇게 하는 것이 정부의 세수 확보에 더 유리했기 때문이다.

소금의 독점권을 한번 부여받은 상인은 별 문제가 없는 한 그 독점권이 아들, 손자에게도 세습되었다. 이것은 정부가 주는 매우 큰 은덕이었다. 이들은 소금의 구매 가격과 판매 가격 모두 정부의 가이드에 따라야 했지만, 경쟁이 없었기에 어마어마한 이윤을 거둬들일 수 있었다. 이렇게 이들 소금 거상들은 정부의 충직한 소금산업 정책의 도구로 전락하였고, 정부와 이들 간에는 일종의 행정적 예속 관계가 형성되었다.

이것이 량화이 지역의 소금 전매집단이 급속도로 성장할 수 있었던 배경이다. 청 정부의 이러한 소금 유통 정책은 유통 질서를 확립하고 정부가 소금의 가격과 양을 효과적으로 통제하도록 만들었고 결과적으로 안정적인 세수를 보장하였다. 그런데 이 정책에는 또 한 가지 거대한 이점이 있었다. 정부로서는 비공식 국고가 하나 생긴 것이다. 청 정부는 건립 초기 반청 세력을 진압하고 자연재해에 대응하느라 막대한 지출을 하였는데 이러한 일들을 수행하는 데는 재정 수입만으로는 힘에 부쳤다. 하지만 이럴 때마다 량화이 염상 집단은 거액의 기부금을 기꺼이 투척하였다.

건륭 51년(1786)에 타이완 린솽원(林爽文) 봉기에 대한 진압을 지원하기 위해 하동(河东) 염상과 발해만 지역의 장로(长芦)염상은 은 50만 량을 기부하였고, 가경 년간에 서남 지역에서 9년 동안 지속되었던 백련교의 난을 진압하는 데에 은 100만 량을 기부하였다. 가경 16년(1811)에 로동(芦东) 상인들은 직례성(오늘날 허베이성)의 수리(水利)사업에 은 40만 량을 기부하였다. 물론 가장 많은 기부금은 량화이 염상집단에서 나왔다. 건륭 년간의 60년 동안 량화이 염상은 하천 준설, 군수, 재해지원금 등의 명목으로 총 2,850만 량을 기부하였다. 이 금액은 청 정부 한 해 재정수입의 60%에 육박했다.[8]

이들 염상은 울며 겨자먹기로 기부금을 냈을까? 당연히 아니다. 이들은 기꺼이 냈다. 그것이 소금 산업의 암묵적 게임 룰이자 청 정부에게 있어서 자신들의 존재 이유이기도 했기 때문이다. 국가에 예기

8) 출처: 『청대 강염제의 특징과 그 존재 가치(清代纲盐制特点及其存在价值)』 중 경제사학자 汪士信의 조사 결과 인용

치 못한 자금 수요가 생겼을 때 수십만에서 수백만 량씩 투척하여도 (아니 투척해야만) 이들에게는 그보다 수 배의 이윤이 보장되었다.

다시 광저우 13행으로 돌아와보자. 이들 역시 1787년에 타이완 린솽원(林爽文) 봉기에 대한 진압 비용으로 30만 량을 기부하였다. 그 후 1788년에서 1820년 사이, 황제의 만수절(70세 생일), 구르카족과의 전쟁을 위한 군비 지원, 쓰촨 지역의 토비 소탕, 허난성의 토비 소탕, 황하의 제방 공사 등 항목으로 총 350만 량을 기부하였다. 이들이 국가에 내는 돈은 이뿐만이 아니었다. 청대에는 연납(捐納)이라고 돈을 기부하고 관직이나 명예 직함을 사는 제도가 있었는데 이 또한 이들이 거금을 기부하는 방법 중 하나였다. 양행의 거두인 우(伍)씨와 판(潘)씨 두 집안은 돈으로 3품 관직을 샀고, 13행 후기에 등장한 천보행(天宝行)의 회장 량징궈(梁经国)는 거액의 기부에 대한 보답으로 종2품 관함인 통봉대부(通奉大夫)를 받았고 그가 죽자 정1품인 광록대부(光祿大夫)로 추증되었다. 사람들이 광저우 13행을 "천자의 남쪽 창고"라 불렀던 건 다 이런 이유에서였다.

두 거대 독점 무역회사의 창과 방패 싸움

광저우 13행의 설립 취지를 다시 한번 상기해보자. 소금 산업에서 량화이 염상과 같은 존재를 만든 것은 소금 산업을 정부가 통제하기 위함이었다. 마찬가지로 청 정부는 대외무역을 확실히 자신들의 컨트롤하에 두고 싶었고 그러자면 항구를 단일화시키는 것이 그들로서는 당연한 선택이었다. 오늘날과 같이 전산 시스템이 구축되지 않았던 당시에 여러 곳에서 무역이 일어나면 들어오고 나가는 것에 대한 관리와 통제가 불가능하기 때문이다.

서방 세계가 중국과 무역을 함에 있어서 광저우 13행은 그들의 유일한 창구이자 유일한 무역 파트너였다. 13행들이 담합을 했으니 사실상 하나의 바이어, 하나의 공급선이나 마찬가지인 셈이었다. 거대 시장을 등 뒤에 둔 이들은 서양 무역상들에게 언제나 갑이었다. 무엇을 구매하고 안 할 것인가, 얼마에 구매할 것인가가 시장의 수요공급 법칙에 의해 결정되는 게 아니라 모두 이들에 의해 결정되었다. 광저우는 청 정부의 보호무역주의의 상징이었고 13행은 청 정부 보호무역주의와 무역통제주의의 하수인이었다. 적어도 이들 서양인의 눈에는 그렇게 비춰졌다.

또한 한곳으로의 독점과 특약은 필시 횡포와 비리라는 부작용을 낳는다. 광저우의 해관 관리들은 통관비, 검사비, 선물, 내비게이션비 등 각종 비용을 요구했고, 서양 상인들은 이런 비용을 얹고 팔리는 자신들의 물건이 적정한 가격에 내지에 소개될지 상당히 의심스러웠다. 또한 13행으로부터 구매하는 차와 비단, 도자기는 괜히 바가지를 쓰는 것 같은 느낌이 들었고, '산지와 가까운 데서 구매하면 더욱 신선하고 질 좋은 상품을 더 좋은 가격에 구매할 수 있지 않을까'라는 합리적 의심과 기대를 하게 된다.

서방 국가들은 이러한 피동적 상태가 반드시 바뀌어야 한다고 생각하고 있었고 중국이 그들이 신봉하는 이른바 "자유무역"
으로 나와야 한다고 굳게 믿고 있었다. 이들의 눈에 이러한 피
동적 상태를 타개하는 길은 추가 항구를 개척하여 무역 통로를
다변화하는 길밖에 없었고 그 미션 수행에 영국 동인도회사가
앞장선다.

외국 인력 조달의 창구

광저우 13행에는 다른 상인 집단에는 없는 한 가지 역할이
있었는데, 그것은 서양의 인재들을 북경으로 공급하는 것이었
다. 약간 의외라 느낄 수도 있지만 건륭제 이전의 청 통치자들
은 서양인들의 과학기술과 신기한 물건에 대한 호기심이 강했
고 재주가 있는 서양인들을 북경으로 불러들이는 데 적극적이
었다. 특히, 옹정제 때 천주교가 금지되기 전까지는 백 명이 넘
는 서양 선교사들이 중국에서 활동하고 있었고, 천주교가 금지
된 후에도 일부 서양인들에게 중앙정부 직책을 주어 청 정부를
위해 일하도록 하는 것을 중단하지 않았다. 이로써 광저우 13
행은 궁정이 필요로 하는 각종 서양 인재의 환승역(황궁 인력의
공급지)과 기이한 서양 물건의 공급지가 되었다. 동서양 화법을
절묘하게 결합시키면서 중국 회화사에 지대한 영향을 미친 이
탈리아 화가이자 예수회 선교사 쥬세페 까스틸리오네(Giuseppe
Castiglione) 역시 광저우 13행을 통하여 북경으로 보내졌다. 이
곳은 외국인들이 모여드는 곳이다 보니 서양 방식의 예술품 제

아편전쟁 이전 광저우 서양상관의 모습

조 기술이 발달했고 서양식 예술품 기술자 집단이 형성되었는데 이들이 청 궁정으로 차출되어 가기도 했다.

강희 시기에는 서양 선박이 정박하면 북경행을 원하는 서양인들은 13행 이관(夷馆, 서양상관) 내의 천주교당으로 보내져서 중국어를 배웠다. 왜냐하면 말이 안 통해 답답해 하던 강희제가 "앞으로 북경에서 관직을 맡고자 하는 외국인들은 중국어를 익히게끔 하라"라고 명령했기 때문이다. 13행은 이들이 베이징으로 오라는 명령을 받기 전에 그들이 휴식하고 학습하는 럭셔리한 장소를 제공했다. 상관 구역은 대로를 사이에 두고 한쪽 편은 13행의 본사가 나란히 위치해 있었고 그 반대편으로 13행 이관(서양상관)이 13행 본사와 마주보며 있었는데 이곳이 서양 무역상들과 그들 가족의 생활거주 지구였다. 하지만 외국인들은 이 생활거주 지구에서 일정 반경 이상을 벗어나면 안된다는 규정이 있었다.

미몽 속의 제국

4장

차(茶) vs 아편

유럽의 대(對) 중국 무역 적자

중국과 유럽의 무역 불균형은 왜 생겼을까? 이는 기본적으로 유럽의 물건은 중국인들에게 별로 어필하지 않았던 반면, 중국의 차, 비단, 도자기와 같은 제품은 유럽에서 엄청난 인기를 얻었기 때문이다.

17세기 중엽부터 아편전쟁 발발 전까지 2세기가 채 안 되는 시간 동안 약 2만 8천 톤의 은이 중국으로 흘러 들어갔다고 한다. 이중에는 일본에서 들어간 은도 있었지만, 대부분은 유럽인들이 중국 제품을 구매하면서 지불한 것이었다. 청대의 은 1량이 37.3gr.이므로 2만 8천 톤의 백은은 7억 5천만 량에 달한다. 평균적으로 4백만 량의 은이 매년 유럽인들에 의해 중국으로 들어왔다는 것인데 이는 청나라 1년 정부재정의 10분의 1, 조선 정부재정의 2배에 해당했다. 유럽 열강들은 자신들이 어렵게 만든 식민지인 아메리카에서 캐어온 은을 1세기 동안 고스란히 중국에다 쏟아부은 셈이다. 강희제에서 건륭제 사이에 중국이 신장, 티벳, 내몽고 등지로 방대한 영토전쟁을 벌일 수 있었던 건 이 같은 넘쳐나는 자금이 받쳐주었기 때문이다.

다행히 유럽은 아메리카 식민지에서 값싼 비용으로 다량의 은을 캐올 수 있었다. 그러나, 17, 18세기에 유럽의 경제가 커지면서 국내의 은 수요가 늘어났으나 여전히 많은 은이 중국의 사치품을 사 오는 무역상들에 의해 중국으로 들어갔고 유럽 국가들은 여전히 국내에 필요한 충분한 은을 대지 못하고 있었다. 자신의 국가 경제를 부양해야 할 은이 중국의 사치품 수입에 쏟아부어지는 걸 보는 유럽의 정치인들은 이 상황을 몹시 못마땅해했다. 게다가 18세기 중엽에 유럽에서는 오스트리아 왕위 계승 전쟁, 7년 전쟁 등 몇 번의 대형 전쟁이 일어났고 이들 국가의 재정지출은 더욱 늘어났다. 이 와중에 아메리카에서 미국과 멕시코가 독립하면서 영국과 프랑스는 은의 공급처가 확 줄었다. 유럽 국가들의 경제는 더욱 악화되고 있었고 그 와중에 중국은 여전히 사치품을 팔면서 엔조이를 하고 있었다. 아니, 좀 더 정확히는 유럽인들이 여전히 중국의 물건에 열광하고 있었고, 자국의 무역상들은 이러한 수요를 대고 자신들의 이익을 챙기느라 국내 경제 따윈 신경 쓸 겨를이 없었다고 해야겠다. 그러나 정치인들은 다르다. 이러한 상황이 지속되면서 영국, 프랑스 등의 정계(政界)에 강한 반중 정서가 일게 된다.

18세기 중엽의 산업혁명으로 영국은 더 많은 원료 공급지와 기계를 이용해 만든 저원가 방직물의 판매지가 필요했고 이런 분위기에서 유럽에서는 "자유무역이 곧 정의"와 같은 자유무역의 물결이 고조되었다. 이럴수록 중국과의 무역 적자는 핫이슈였고 영국인들은 무역 적자 문제를 모두 중국의 "Single port 정책"으로 돌렸다. 중국의 "Single port 정책"은 유럽인들의 눈에는 불공정 무역이자 타도해야 할 대상이었다.

유럽인들의 차(茶) 사랑?

18세기에서부터 아편전쟁이 발발하기 전인 19세기 초중반까지 전 세계에서 단일 교역품으로 가장 덩치(시장규모)가 큰 아이템은 무엇이었을까? 아마 '차(茶)'였을 것이다. 유럽인들이 2세기가 조금 안 되는 시간 동안 중국에 2만 8천 톤의 백은을 지불하면서 구매해 간 물품은 대부분 이것이었다.

대항해 시대가 시작된 초기에는 주 교역 아이템이 향료였다. 유럽인들은 음식에 풍미를 돋우는 향료를 구하고자 바닷길을 찾아 나섰고 그것이 대항해 시대를 열었다. 그런데 시간이 지나자 향료는 동남아시아와 인도 등지에서 대량생산되면서 가격이 떨어졌고, 17세기 중후반이 되면 국제 교역시장에서 대장 아이템 지위를 차(茶)에 내어주게 된다. 당시 차의 세계 시장규모를 금액으로 보여주는 자료는 없지만, 영국은 1740년부터 1834년까지 자국의 차 수입을 동인도회사가 독점하였고 이 회사는 매해의 수입량과 금액, 차의 종류까지 100년 동안 빠짐없이 기록하였다. 영국은 유럽 국가 중에서도 압도적으로 차 수입을 많이한 나라였으므로 이들의 수입량과 그 추세를 보는 것은 우리로

하여금 당시 유럽인들이 얼마나 차에 열광하였는지를 짐작할 수 있게 해준다.

1830~1834년 사이 영국이 매년 수입한 찻잎의 수량은 13,600~15,000톤이었고, 금액으로는 가장 많았을 때가 660만 £(파운드)였다.[9] 이것이 어느 정도인가를 가늠하기 위해 제한된 정보를 바탕으로 약간의 비약과 상상력을 허용해보자. 당시 대영제국 정부가 국내와 국외의 모든 식민지에서 거둬들이는 총 재정수입이 대략 7000만 £(파운드)였다.[10] 동인도회사의 수입 총량에 당시 차 세율을 적용하면 82만 5천 £이고 이는 정부재정수입 총량의 1.2%이다. 1차 세계대전 전까지 영국은 재정수입이 GDP에서 차지하는 비중이 대략 10% 내외였다고 하니 이 시기 대영제국의 GDP는 7억 £ 정도라 봐도 무방할 듯하다. 그러므로 차의 수입금액이 GDP에서 차지하는 비중 역시 1% 정도이다. 1%라……, 이는 실로 어마어마한 금액이다. 1830~1834년은 영국이 '해가지지 않는 제국'을 구축했던 시기이고 글로벌 경제규모에서 차지하는 비중과 영향력은 오늘날의 미국보다 컸으면 컸지 절대 작지 않았을 것이다. 오늘날 미국 GDP의 1%라고 하면 2,000억 달러인데 미국이 이만큼의 돈을 내고 사 오는 단일 아이템이 있나? ……… 있다. 이는 대략 2021년 미국이 한 해 동안 수입한 석유 30억 배럴의 총금액과 맞먹는다. 190년 전과 지금의 세계 경제 구조를 그대로 비교하

---

9) MatthewMauger 『Tea in 18th Century Britain』 Queen Mary University of London 2013.9. 원래 자료에서는 3000~3300만 lb(파운드)이나 이해를 돕기 위해 톤으로 고쳤다.
10) Philip Brien Matthew Keep 『The public finances: a historical overview』 2018.3.22

는 건 무리가 있지만 당시 차 산업이 글로벌 무역에서 차지하는 비중이 어느 정도였는지를 느끼는 방법으로는 무리가 없을 듯 싶다. 당시 영국인들이 차를 마시기 위해 중국 등 나라에 내는 돈은 오늘날 미국인들이 차를 타고 공장을 돌리기 위해 중동, 중남미 국가에 내는 돈과 비슷했다는 것이다.

농산물이 주를 이뤘던 당시의 세계 교역 시장에서 차만큼 규모가 크면서 많은 수익을 가져다주는 아이템은 없었다. 미국 독립전쟁의 시발점이 된 '보스턴 차 사건'은 영국 동인도회사의 차 공급 독점에 미국 상인들이 반발하면서 시작하였다. 이 말인즉슨 서방의 모든 트레이더들의 우선 순위는 무조건 차였고 이들은 차를 얻기 위해서라면 가지고 있는 은을 모두 줄 준비가 되어 있었다는 것이다. 심지어는 차를 더욱 신선한 상태에서 유럽으로 운송하기 위해 트레이더들 간의 속도 경쟁이 붙었고 이는 함선의 속도를 대폭 증대시키는 기술 진보를 가져오기도 했다.

차는 유럽에 언제, 어떻게 전해졌을까? 명만력 35년(1607)에 자바에서 온 네덜란드 동인도회사의 배가 마카오에서 찻잎을 실었고, 1610년에 네덜란드 암스텔담에서 하역했는데 이것이 유럽인들이 동방에 와서 찻잎을 운송해 간 시작이었다. 당시에 이들이 중국에서 사간 건 분명 녹차였는데 희망봉을 돌아가는 긴긴 항해를 거치면서 발효되어 색깔이 검붉게 변했고, 이를 발견한 화물주는 그걸 버리려고 하다가 한번 우려내어 마셔봤는데 그런대로 괜찮았다고 한다. 이렇게 해서 차가 유럽에 전해지게 되었고 이것이 유럽인들이 홍차를 블랙티(Black tea)라 부르게 된 유래이다.

중국의 차는 17세기 30~40년대에 서유럽에 퍼졌고 영국에서 유행하기 시작한 건 그보다 30여 년 후인 17세기 중후반이었다. 17세기 초반까지만 하더라도 해상무역 패권은 포르투갈과 스페인, 그리고 네덜란드에 의해 장악되었으므로 영국은 유럽 대륙에 비해 신문물의 보급이 다소 늦었다. 차가 유럽에 보급된 초기에는 음료라기보다는 약이나 건강식품과 같은 개념의 물품이었다. 차가 각종 질병 예방에 좋고 소화불량에도 효과가 있다고 믿었기 때문이다.

차가 영국에 최초로 전해진 건 1657년이었으나 처음에는 큰 환영을 받지 못했다. 그러다가 곧 상류층의 필수 문화생활로 급속도로 퍼지게 되었는데 이는 1662년 영국 국왕 찰스 2세와 포르투갈에서 온 캐서린 공주와의 결혼식이 계기가 되었다. 이미 차 마시는 걸 즐겼던 캐서린 공주는 영국으로 시집오면서 약간의 차를 가지고 왔는데, 그녀는 1662년 포츠머스에서 열린 야외 결혼식에서 차를 파티장 음료로 선보인 것이다. 포르투갈 공주가 선보인 이 이국적이고 따뜻한 음료는 그곳에 참석한 많은 귀족 부인들의 허영심과 신분과시 욕구를 자극하기에 충분했다. 그 후 차는 귀족과 자본가들의 모임, 특히 그들의 아내들 사이에서 신분과 품위, 교양의 상징처럼 되었고 커피보다도 6~10배 비싼[11] 특권층의 음료로 자리 잡았다. 중국풍 무늬가 있는

---

[11] Ellis, Markman; Coulton, Richard; Mauger, Matthew (2015). Empire of Tea: The Asian Leaf that Conquered the World. Islington, United Kingdom: Reaktion Books.

찻잔에 중국산 홍차를 마시는 것은 자신이 상류층이라는 것을 보여주는 행위였고, 부유한 여자들이 다른 여자들 앞에서 자신의 럭셔리 제품을 자랑하고 싶은 본능과 갈망은 차의 유행을 가속화시켰다. 17세기 80년대에 영국의 차(茶) 가격은 1lb(454gr.)당 3£가 넘었는데 이는 당시 숙련된 점원의 1달 치 월급이었고 물가상승을 감안한 오늘날 가치로 환산하면 343£(한화 549,000원)에 달한다. 수요가 증가하면서 공급이 늘었고 그에 따라 가격이 내려가긴 했지만 18세 초까지도 영국의 차 가격은 여전히 1lb당 2£에 달했고 이는 오늘날의 210£(한화 336,000원)이었다.[12] 영국에서 차라는 것은 귀족이나 사업가들이 장농 안에 넣어두고 걸어 잠가서 보관하던 물품이었다. 비슷한 시기에 들어온 설탕도 유럽의 차 보급을 촉진시키는 데 한몫했다. 설탕과 차, 모두 럭셔리 아이템이었고 이들의 결합은 차를 상류층에게 한층 더 매력적으로 만든 또 하나의 요인이었다.

영국에서는 차의 가격이 왜 이리 비쌌을까? 공급이 부족했나? 가장 직접적인 이유는 정부가 차에 어마어마한 세금을 매겼기 때문이다. 영국의 차 관세는 한때 190%에 달했고 1782년까지 100%가 넘었다. 럭셔리 상품이었으므로 정부는 마음껏 세금을 부과하고 엄청난 수입을 거둬들였던 것이다. 1711년에서 1810년의 100년 동안 영국은 차에서만 7700만 £의 세금을 거두었다. 이는 1830년대의 대영제국 한 해 정부수입 총량과

---

12) Google CPI inflation calculator

맞먹는다. 인기가 많은 제품에 대한 고율의 관세는 당연히 밀수를 불러일으킨다. 영국 남부 해안은 해관의 눈을 피해 들어오는 찻잎을 실은 밀수선으로 붐볐고 이들이 공급하는 물량이 동인도회사가 들여오는 물량과 거의 비슷했다고 한다.

18세기로 들어서자 영국의 차 수입은 유럽의 다른 나라를 앞지르기 시작했다. 1720년에서 1750년 사이 동인도회사를 통해 영국으로 수입된 차는 4배 이상 증가했고, 1766년에는 광저우에서 600만 lb(2700톤)의 차가 영국 배에 실렸는데 이는 네덜란드 450만, 스웨덴 240만, 프랑스 210만 lb에 비해 훨씬 많은 양이었다.

공급이 늘어나면서 차는 점차 대중화의 길을 걷기 시작하였고 어느 정도 먹고살 만한 중산층의 식탁 위에도 올라가기 시작했다. 그렇지만 일반인이나 하층민이 마시기에는 여전히 비쌌다. 이때 영국에서 차가 획기적으로 보급되게 된 계기가 있었는데 그것은 1783년에 영국 역사상 최연소 수상이 된 윌리엄 핏(William Pitt)이 차세를 119%에서 12.5%로 획기적으로 낮춘 것이었다. 이 조치는 불법 밀수를 하루아침에 포기시켰는데 왜냐하면 새로운 가격으로는 차의 밀수가 더 이상 남는 장사가 아니었기 때문이다. 신의 한 수와 같은 이 세금 인하로 차의 소비는 폭발적으로 증가하였고 정부의 세수는 세율을 낮추기 전보다 훨씬 많아졌다. 이로써 차는 여러 계층에게 광범위하게 퍼졌고, 19세기가 되면 노동자들에게도 일상 음료가 된다. 가격이 맥주보다 싸졌고 또한 산업혁명으로 중산층이 많아지고 사람들의 전반적인 소득이 증가했기 때문이다. 게다가 설탕 역시 이때가 되면 매우 싸져서 이 둘은 거의 언제나 같이 소비되었다. 시장이 커지면 상품의 품질과 가격이 다양해지고 그걸 소비하는 패턴도 다양해진다. 귀족과 부자들은 여전히 고품질의 차를 중국 스타일의 문양을 본뜬 찻잔에 담아서 집이나 클럽에서 마셨고, 저소득층이나 노동자들은 차를 담는 자신의 용기를 가져와서 일을 하다가 쉬는 시간에 마시거나 점심시간에 빵을 적셔 마셨다. 차는 이제 더 이상 부유층만의 전유물이 아닌 광범위한 계층에게 사랑받는 음료였고, 20세기에 들어 커피에게 이 지위를 빼앗기기 전까지 유럽의 전 국민이 하루에도 몇 번씩 마셔대는 따뜻한 국민 음료였다.

아편의 역사

아편은 양귀비꽃에서 추출하여 가공한 물질이다. 양귀비는 중국 사람이었지만 이 꽃을 양귀비꽃이라 이름 붙인 건 한국의 조상들이었다. 정작 중국인들은 이 꽃을 양귀비꽃이라 부르지 않는다. 양귀비꽃은 중국말로 '잉수(罌粟)'라고 하며 우리말 한자독음으로는 '앵속'이다. '앵(罌)'은 몸통이 불룩하고 주둥이가 짧고 좁은 항아리를 뜻하고 '속(粟)'은 좁쌀이란 뜻인데 아마 양귀비가 피기 전에 항아리 모양을 하고 있고 그 안에 좁쌀과 같은 꽃술이 있는 이 꽃의 외모에서 그렇게 이름 붙여진 것 같다. 반면 우리나라에서는 이 꽃의 치명적인 면을 부각하여 양귀비라 불렀다.

아편은 서기 5~6세기인 남북조시대에 이미 중국에 들어왔으
나 국내에서 재배되는 건 그리 많지 않았고 대부분 외국의 진공
품으로 들어왔다. 아편의 약용 가치는 송대 이래로 의서에 많이
기재되어 있으며 이질 등의 병에 좋은 약으로 알려져 왔다. 원
대의 중의들은 앵속(양귀비)의 심각한 부작용에 대해 이미 인지
하여 신중하게 사용할 것을 건의하고 있었다. 원대에 사람들이
복용하던 아편은 중국 본토에서 재배된 것이 아니라 인도 등지
와의 전쟁 후 가져온 것이었다. 전리품으로서의 아편은 당시에
매우 인기 있었지만, 이때까지만 해도 아편은 약으로서 '복용'하
는 것이지 피워대는 것이 아니었다.

명대에 와서 중국인들은 점차로 아편의 생산과 제조 방법을
알게 되었다. 이시진(李时珍)의 『본초강목』에는 생아편을 재배
하는 방법이 기록되어 있다. 『대명회전』의 기재에 의하면 동남
아의 태국, 자바, 말라카 등지에서 종종 '공품' 약재로 명 황실에
바쳐졌다. 샴(태국)은 한 번에 300근의 아편을 바치기도 했다.
명 성화 년간(15세기 후반)까지 아편의 수입은 극소량에 불과했
고 그래서 아편의 가격은 매우 비싸서 황금과 같았다. 그 후, 아
편의 수입이 점차로 늘어났고 명 왕조는 아편에 대해 정식으로
약재세를 부과하기 시작하였다. 만력17년(1589)에 아편은 처음
으로 세금 징수 명단에 포함되었는데 이는 아편의 수입이 늘어
났고, 아편을 식용하는 사람들이, 특히 동남 해안의 부자들 위
주로 적지 않았음을 보여준다.

중국의 아편 수입과 소비 역사에 있어서 획기적인 변화는 아편이 약용으로서 복용하는 게 아니라 기호품으로 흡연하는 것이 된 것인데 그 시작은 16세기 말로 추정된다. 중국인들은 수입되는 아편과 담뱃잎, 그리고 여러 가지 약초를 혼합한 후 담뱃대를 이용하여 흡입하기 시작하였는데 서양인들은 이러한 방식을 마닥(Madak)이라 불렀다. 역사상 최초의 아편 금지는 1729년 옹정제에 의해 반포되었는데 이 마닥이 퍼지는 것을 심상치 않게 여겼기 때문이다.

그러나 옹정제가 마닥 금지령을 내렸을 때만 하더라도 중국으로 수입되는 아편의 양은 300상자에 불과했다. 그래서 금지령도 시간이 지나자 제대로 실시되지 않고 흐지부지되었다. 마닥은 16~17세기에 중국에서 유행하다가 그 후에 영국인들에 의해 개발된 더 진보한 아편 상품에 의해 대체되었다.

중국의 아편사에서 두 번째 전환점은 영국인들이 이 사업에 본격적으로 뛰어든 것이었다. 마닥에 사용되었던 아편은 전량 자바(Java)산이었는데, 이는 16세기에 포르투갈로부터 자바를 빼앗아 식민지화한 네덜란드 무역상들에 의해 공급되었다. 나폴레옹 전쟁(1803~1815) 때 프랑스가 전 유럽을 굴복시키면서 이때 많은 유럽 국가의 식민지를 프랑스가 접수했고, 자바 역시 이때 잠시 프랑스령이 되었다. 그러나 프랑스의 자바 점령은 얼마 가지 못하고 곧 영국에게 빼앗겼다. 트라팔가 해전에서 영국이 나폴레옹의 프랑스를 저지하였기 때문이다.

자바를 점령한 영국 동인도회사는 자바산 아편이 중국에 팔리는 것을 보고는 이것이야 말로 그간의 무역적자를 만회할 만

큼의 수익성과 폭발력을 가진 상품이라는 걸 알아챘다. 아편의
상품성을 간파한 영국인들은 그들의 식민지인 인도 동북쪽의
벵골(Bengal) 지역에 거대 아편 플랜트를 조성하여 대량 생산체
제와 가공 체제를 갖추기 시작했다. 이때부터 중국으로 향하는
아편의 양은 이전과는 차원이 달라졌다.

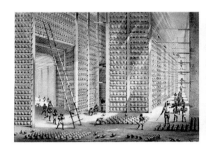

인도 파트나의 아편 공장

급증하는 은 유출과 도광제의 아편 금지령

청 왕조는 명 왕조의 방식을 이어받아 아편을 약재로 보고 수
입관세를 징수했다. 강희 23년(1684)에 청 정부는 아편 백근당
은 3량의 관세를 부과했는데 이때만 해도 수입되는 아편의 양
이 매년 평균 200여 상자(한 상자에 100근)에 지나지 않았다. 그
러나 40여 년이 지난 옹정 7년(1729) 이후로 아편의 수입량이
크게 증가하여, 건륭 32년(1767)에는 1천 상자, 가경 5년(1800)
에는 4천 상자, 도광 원년(1821)에는 8천여 상자에 달했다.
놀랍게도 1821년 전까지는 아편이 중국의 정식 수입품목이

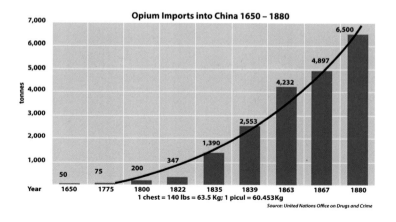

중국의 아편 수입량

었다. 아편 수입으로부터 들어오는 관세 수입이 짭짤했고, 또한 장기간의 무역적자로 은이 부족해진 유럽의 무역상들에게 어느 정도 수입을 안겨주어 그 돈으로 다시 중국 제품을 사도록 하는 것도 나쁘지 않다고 보았기 때문이다. 중국뿐 아니라 영국을 포함하여 전 세계 대부분 지역에서 아편의 제조와 판매, 수입이 불법이라는 규정은 없었다. 물론 유럽인들이 아편을 수입한 건 치료의 목적이었다.

아편은 건륭 중기 이후부터 흡입하는 사람이 점점 많아지기 시작해서 가경제(1796~1820 재위) 때에 와서는 20년이 안 되어서 "위로는 사대부에서 아래로는 저잣거리의 장사꾼에 이르기까지 모두 아편을 피웠고 사회에 너무 만연해서 도저히 돌이킬 수 없을 지경이었다."라고 한다. 도광제(1821~1850 재위) 때에 와서는 거의 모든 도시와 마을(鎭)의 길거리에 크고 작은 아편관

(烟馆)이 즐비했다고 한다.

아편에 찌든 청나라 말기 사람들

　아편은 크게 두 가지 문제를 야기시켰다. 첫째는 국민의 건강과 근무 의욕을 저해시키는 것이었고, 둘째는 다량의 은이 해외로 유출되는 문제였다. 이 시점에서 잠시 은에 관해 이야기해야겠다. 은은 당시나 지금이나 엄밀히 화폐는 아니다. 중국은 아주 오래전부터 동으로 된 화폐를 썼지, 은전을 쓴 건 민국 시대에 들어와서였다. 그러므로 은을 사려면 역시 돈을 주고 사야 했다. 그렇지만 은은 오랫동안 고액 화폐권과 같은 역할을 해온 안전자산이자 국제 거래에서의 화폐였다. 거액 거래의 경우 동전으로 다 지불할 수가 없으니 은으로 계산해 왔던 것이다. 중국은 명나라 후기 장거정의 '일조편법'이라는 세제개혁으로 세금을 지불할 때 모두 은을 기준으로 하게 되어 있었다. 이는 국내에 은의 공급이 충분하고 안정적으로 풀어져 있었기에 가능했던 정책이다. 그렇지 않으면 은과 동전과의 비율, 즉 화폐가치가 불안정해질 수 있기 때문이다.

　중국과 영국과의 무역수지는 점점 좁혀지더니 1820년대 어느 순간에 와서 역전이 되었다. 린쩌쉬의 통계에 의하면 19세기 30년대 말에 매년 중국에서 외국으로 흘러나가는 은이 청 정부 한 해 재정의 두 배보다 많은 1억 량에 달했다고 한다. 이는 국내에서 은의 가치를 상승시켜 동전과의 비율이 균형을 잃고 돈의 가치가 심하게 하락하는 현상을 불러일으켰다. 1833년에 1량의 백은은 1,362.8개의 동전과 등가였으나 1839년에는 이 비율이 1,678.9개로 상승했다. 백성들의 세금 부담이 23%나 증가한 것이다. 어떤 곳은 그보다 훨씬 심했다. 가뜩이나 사회가 불안했던 청 말기에 백성들의 세금 부담 증가는 통치자가 긴장하지 않을 수 없는 상황이었다.

1821년, 은의 유출을 더 이상 두고 볼 수 없었던 도광제는 아편을 금지 품목으로 지정하고 수입을 막았다. 도광제의 이 조치로 아편의 수입과 소비가 줄었을까? 오히려 10년 후인 1830년에는 2만 상자로 급증하였고, 아편전쟁(1840) 발발 즈음에는 한 해에 수입되는 아편의 양이 4만여 상자(400만 근=2,387톤)에 달했다. 이때의 아편은 이미 일종의 흡연이 대중화된 마약품이었다. 이는 1821년 아편 수입 금지조치 이후로 아편 판매가 밀무역의 형태로 바뀌었기 때문이다. 게다가 1834년 영국 정부가 동인도회사의 극동지역 무역독점권을 폐지하면서 아편의 판매가 다수의 상인들 손으로 넘어갔고 이는 결과적으로 아편의 밀무역을 더욱 활성화시키는 환경을 만들어 주었다. 영국 상인들은 아편 대금으로 받은 은을 실어 본국으로 가지고 가기에는 안전의 문제가 있었으므로 이 은을 광저우에서 동인도회사의 어음으로 바꾸어 가지고 갔다. 동인도회사는 이들로부터 받은 은을 가지고 대량의 차와 비단 등의 물건을 사서 유럽으로 가져다 팔았다. 그래서 겉으로 보기에는 동인도회사가 은을 내고 물건을 사는, 극히 정상적인 무역 같아 보였지만 중국인들의 건강과 경제는 날로 골병이 들고 있었다.

2부

닫으려는 자
VS
열려는 자

5장

⚜

쇄국의 시작

제임스 플린트 사건,
새로운 항구를 위한 동인도회사의 집요한 노력

제임스 플린트(James Flint 1720~?)는 영국 동인도회사에 고용된 비즈니스맨이자 외교관이었다. 그는 17살인 1736년에 동인도회사의 배를 타고 중국에 와서 중국어를 배웠고 홍런후이(洪任輝)라는 중국 이름을 가졌다. 그가 중국에 온 나이와 그가 온 후 이렇다 할 일을 하지 않고 중국어를 배우는 데만 전념했던 걸 보면 가히 동인도회사가 보낸 '지역전문가 과정 연수생'이라 불릴 만하다. 그는 1739년에 동인도회사 인도 상관으로 발령나 3년 동안 일한 후 다시 중국으로 돌아와 중국어와 중국 문화에 관한 공부를 계속하였다. 그 후 그는 쭈욱 영국 동인도회사의 광저우 상관에서 근무하였다. 이러한 그의 커리어를 보면 그는 동인도회사가 양성한 '중국통 1호'라 불리는 데에 손색이 없다.

오스트리아 왕위계승전쟁(1740~1748)으로 유럽 대륙이 전화에 휩싸여 있었을 때 영국 동인도회사는 인도, 동남아, 중국에서의 사업을 늘려가면서 몸집을 불렸다. 그러나 아이러니하게도 식민지가 늘어날수록 동인도회사는 경영이 악화되었다. 이렇게 된 이유는 과거에는 사고팔기만 하면 됐지만 이제는 식민지를 관리하는 종합회사가 되었고 식민지 관리에는 행정, 치안 등 생각지도 못했던 여러 가지 비용이 천문학적으로 들어갔기 때문이다.

또 한 가지 동인도회사가 중국의 항구 개척을 위해 노력할 수밖에 없었던 이유는 영국이 중국과의 무역에서 보는 엄청난 무역적자였다. 13행이 설립된 이래로 서방의 중국과의 무역은 실질적으로 광저우로 제한되었고 거대 무역 적자를 보는 당사국의 입장에서는 구매와 판매 루트를 다변화하고자 시도하는 것이 당연하다. 차, 실크 등의 물품을 원산지와 가까운 항구에서 구매하면 더 질 좋은 상품을 보다 저렴하게 구매할 수 있을지도 몰랐다. 또한 중국 시장에 어필하지 않는 자신의 상품들이 광저우 이외의 다른 지역 상인들에게는 어필을 할 수도 있다는 기대도 가졌다. 영국인들이 이렇게 탈(脫) 광저우를 하려던 데에는 한 가지 이유가 더 있었다. 왜냐하면 이들은 광저우 13행의 횡포, 광저우 해관의 각종 규제와 해관 공무원들의 부패에 치를 떨었기 때문이다. 이런 상황하에서 영국 동인도회사로서는 샤먼, 닝보 등 광저우 이외의 항구를 개항시키는 게 절대적으로 필요했는데 이 미션 수행에 제임스 플린트(James Flint)가 앞장섰다.

1755년 제임스 플린트(James Flint)가 탄 영국 동인도회사의 화물선이 광저우에서 해안선을 따라 북상하여 저장성 띵하이(定海)[13]에 도착했다. 그들은 거기서 비단과 차 무역을 하고자 했다. 띵하이 지현(현의 행정장관)은 이 배의 무역허가증이 광저우인 것을 확인하고는 입항을 거부하였으나 플린트를 비롯한 영국인들은 닝보가 무역을 공평하고 합리적으로 한다는 명성을 듣고 왔다는 둥 이런저런 이유를 대면서 자신들과 무역을 하자고 설득하였다. 띵하이 지현은 듣고 보니 이들과 교역하는 게 나쁘지 않겠다는 생각이 들었다. 그래서 그는 이 배를 닝보에 들어오게 한 후 닝보의 양행 사장들에게 이 배를 소개해주는 편지를 보냈고 이렇게 무역 관계가 성립되었다.

그 후로 영국은 닝보를 통해 무역을 증대시켰고 이는 광저우의 수입 감소를 초래했다. 광저우 해관에서 닝보에 항의했고 이들은 서로 자신들의 정당성을 내세우며 싸웠다. 무역은 지방정부에 큰 이득을 안겨주었기 때문이다. 광저우는 "황제가 정한 전통 항구"라는 깃발을 높이 들며 "영국의 요구에 편승하여 무역 질서를 어지럽히지 말라!"라고 했고, 닝보는 "영국과의 무역을 그리 겁낼 것 없으며 이들에게도 황제의 은혜를 입지 못하게 할 이유가 뭐가 있나!"라며 응수했다.

결국 이 사건은 황제의 결정 사안이 되었다. 물론 건륭제는 닝보를 제2의 광저우로 만들고 싶은 생각이 전혀 없었다. 표면

---

13) 강희제때 "4구 통상제"를 한 이래 '저장 해관'을 구성하는 항구로서 닝보(宁波)와 바다 건너편의 섬인 띵하이(定海) 두 곳이 있었다. 그래서 띵하이(定海)가 언급되면 닝보(宁波)와 같이 묶어서 보면 된다.

적인 이유는 "이미 광저우에 이렇게 많은 양인들이 와 있는데, 또 이들에게 항구를 개방하면 우리 중국의 전통 풍속을 해치는 사교가 들어올까 심히 걱정된다."였다. 하지만 '광저우 13행'의 설립 취지와 이들의 존재 의의를 알고 있다면 건륭제가 광저우 항구의 매출이 줄어드는 것을 절대 용납하지 않으리라는 것을 짐작할 수 있다. 처음에는 건륭제도 너무 노골적인 방법은 피하고 싶었고(아직까지는 공식적으로 4 port 시스템이었으므로 황제라도 무조건 막을 근거가 약했을 것이다) 그래서 선택한 방법이 닝보에 관세를 높이 매기는 것이었다. 그러면 영국인들이 알아서 광저우로 돌아갈 것이라 믿었던 것이다.

다시 1 port 시스템으로! ······ 쇄국의 시작

그런데 예상과 달리 영국 상인들은 높은 세금을 물고서도 닝보에서 무역을 하는 게 아닌가! 광저우에는 각종 비용(화물에 물리는 여러 가지 처리 비용과 공무원에게 바치는 선물 등)이 있었고 이를 합쳐서 비교했을 때 여전히 닝보가 경쟁력이 있었기 때문이다. 이제 건륭제는 슬슬 짜증이 났고, 이를 간파한 민절총독이 주청을 올렸다.

"저장은 지세와 해상방비 측면에서 광저우만 못한데 강남의 경제 중심지에 양인들을 들일 수는 없습니다. 안 그러면 이들의 유혹에 넘어가고 사교가 퍼질 것입니다. ········ 중략 ········

해상 안보가 그 무엇보다도 앞섭니다. 저장과 푸젠 지역에 외국 상선이 마음대로 드나들게 하면 안 됩니다."

'해상안보'라는 훌륭한 이유를 얻은 건륭제는 결국 특단의 방법을 쓰기로 한다. 1757년에 건륭제는 "항구는 광저우로 지정하고 양인의 배는 저장성으로 갈 수 없으며 광저우에서만 무역을 허가한다."라는 정식 명령을 내렸다. 할아버지(강희제)가 개방한 네 개의 항구(광동粵海关, 푸젠闽海关, 저장浙海关, 장쑤江海关) 중에서 광동해관(粵海关) 한 개만 남기고 다시 다 닫은 것이다.

이는 중국 대외무역사에서 시대를 가르는 조치였다. 왜냐하면 이 조치는 강희제 이후의 개방적 무역 국면의 흐름을 역류시켰으며 이 조치를 계기로 중국의 "싱글 포트 시스템"이 굳어졌기 때문이다. 이로써 중국은 다시 "쇄국"의 깃발을 높이 든 나라가 되었다. 헤아려보면 청나라의 "개방정책"은 대략 73년간 유지되었다.

이러한 위협에 동인도회사가 굴복하였을까? (광저우의) 무역독점은 그들의 이익을 절반으로 감소시켰다. "단일 항구 무역(Single Port)" 정책이 나온 지 1년 남짓한 1759년 5월에 동인도회사는 제임스 플린트를 다시 북상시켰다. 이들은 저장성 닝보에서 거절당하자 이번에는 오히려 북상하여 6월 24일에 톈진의 따구커우(大沽口)에 도달했다. 거기서 그들은 청 정부에 광저우 해관의 부패와 횡포를 고발하며 항구를 추가해 달라는 진정서를 제출했다. 서양 배가 톈진항까지 왔다는 소식에 건륭제는 깜짝 놀랐고 이들이 광저우 해관의 부패와 횡포를 고발하는 진정서를 제출했다는 소식에 더더욱 놀랐다. 건륭제는 곧바로 감찰단을 보내 광저우 해관을 조사하고 광동성 해관 이용표를 면직시켰다.

플린트의 청원대로 부패에 연루된 광저우의 관리 몇 명이 처형되었지만, 추가 항구를 개항해달라는 그의 요구는 받아들여지지 않았다. 오히려 그에게 '외국 국적의 선박은 광저우에만 입항하여야 한다.'는 법을 어겼다는 죄를 물었다. 게다가 웃지 못할 한 가지 죄가 더 있었는데 그것은 '외국인이 중국어를 배웠다는 것'이다. 언뜻 납득이 가지 않겠지만 건륭제 때의 중국은 서양 상인의 중국어 학습과 중국인의 외국어 학습을 금지했다.[14] 청의 법에 따르면 제임스 플린트는 변방으로 유배되었어야 하나, 외국인인 점을 감안하여 건륭제는 그를 마카오로 보내어 거기서 3년 동안 연금한 후 국외로 추방하였다. 그 후 플린트는 영영 중국으로 들어오지 못했다.

제임스 플린트가 톈진에서 추방당하고 10년 뒤인 1769년, 영국에서 제임스 와트(James Watt)가 증기기관 특허를 냈다. 그리

---

[14] 1757년에 건륭제는 1 port 정책을 발표함과 동시에 서양인들이 중국어를 배우는 걸 금지하였는데 이에는 두 가지 목적이 있었을 거라 생각된다. 하나는 동북아 국가의 통치자들이 그렇게도 무서워했던 기독교가 전파되는 것을 막기 위함이고, 또 하나는 서양 무역상들이 시장에 직접 접근하는 걸 막고 자신들의 소통 내용을 외국인이 알아듣는 것을 방지하기 위함이라 생각된다. 서양 무역상들이 광저우에 체류할 때는 모두 '13행 이관(夷馆, 외국관)'에만 묵게 되어 있었고 이들은 상관 거리를 벗어날 수 없었는데 이 역시 자국 국민들이 외부인과 소통하는 걸 막는 조치였다.

고 다시 10년 후에 새뮤얼 크롬프톤(Samuel Crompton)이 증기기
관 동력으로 움직이는 방적기인 "뮬방적기"를 개발하여 생산성
이 인간의 수십 배, 수백 배가 되는 시대를 열었다. 이즈음 일어
난 산업혁명으로 유럽은 농업사회에서 공업사회로의 전환을 맞
이하였고, 사회의 전환은 의식의 진보와 정치제도의 진보를 가
져와서 프랑스 시민혁명, 미국의 독립전쟁과 같은 세계사적 사
건이 일어나기도 했다. 이 대전환의 선두 주자인 영국은 과학
기술, 경제력, 군사력에 있어서 압도적인 세계의 초강대국이 되
었고, 이들의 기계를 통해 쉴 새 없이 생산되는 제품들은 그들
을 받아줄 시장이 필요했다. 반면 중국은 정치제도와 과학기술
은 수백 년 전과 다를 바 없었으나 세계에서 돈과 인구가 가장
많은 나라였다. 비옥하고 부유한 이 농업국가는 해가 지지 않는
공업 국가의 타깃 시장이 될 수밖에 없었다.

6장

메카트니 통상 사절단
(Macartney Embassy)

중국에 온 최초의 유럽 국가 정부 사절단

1792년 9월 26일, 전함 HMS Lion[15]과 두 척의 상선, 그리고 정부 인사와 각계 전문가, 선교사, 과학자, 엔지니어, 의사, 군인, 화가, 악사, 통역사 등으로 구성된 800여 명의 통상 사절단이 영국의 포츠머스(Portmouth) 항구를 출발했다. 상선에는 영국 정부가 엄선한 각종 물품이 400여 개의 나무 상자에 넣어져서 실렸다. 이 대규모 사절단은 영국 동인도회사가 자금을 대고 영국 정부가 외교적 지원을 하는 합작 프로젝트였다. 사절단의 단장인 조지 메카트니(George Macartney 1737~1806)[16]는 아일랜드 귀족이자 대지주 집안 출신으로 자타가 공인하는 영국 외교가의 베테랑이었다. 그는 러시아 공사를 지낼 때 영국과 러시아 간 20년짜리 무역조약을 맺으면서 영국 국왕의 신임을 받았

---

15) HMS는 "His/Her Majesty Ship/Submarine"의 약자로 영국과 영연방 국가들의 해군 소속 함선을 총칭한다.
16) 중국인들은 그를 '马戛尔尼(마알이니)'라 부른다.

HMS Lion의 모습

고, 후에는 영국령 인도 벵골 총독을 역임했다. 영국 역사상 유례없는 이 대규모 사절단은 영국을 위해 아주 큰 시장을 열 것이라는 국왕(조지 3세)의 기대와 임무를 지고 출발했고, 9개월에 걸친 항해 끝에 1793년 6월 19일 마카오에 도착했다.

　이들은 중국에 온 최초의 유럽 정부 공식 사절단이었다. 앞서 온 제임스 플린트와 같은 사람들은 동인도회사 소속이었지만 이번은 차원이 달랐다. 이들은 엄연히 영국 국왕의 국서를 손에 들고 온 정식 외교 사절단이었다. 이들의 도착 소식은 광저우에서 곧 베이징으로 보고되었고 저 멀리 영국에서 자신의 생일을 축하하기 위해 사절단이 왔다는 걸 들은 건륭제는 몹시 기뻐하였다(9월에 열하에서 건륭제의 83세 생일잔치가 예정되어 있었다). 건륭제는 직례총독[17] 량컨탕(梁肯堂)과 내무부의 만주족 관리인 쩡루이(徵瑞)를 특임장관으로 임명하여 이들과의 소통과 의전을 총괄하도록 하였고, 이들의 북상중 기항지인 저장성과 산동성 순무에게는 사절단에게 최대한의 편의를 제공하라는 황제의 지시가 하달되었다. 당시 청 정부는 이들을 접대하기 위한 대규모 특별 접견팀을 구성하였고 다량의 선물도 준비하였다.

메카트니 함단은 광저우에서 중국 동부 연안을 따라 톈진에 입항했다. 이미 저장성과 산동성에서 성대한 접대를 받은 이들은 톈진에서 량컨탕과 쩡루이의 접견을 받았고, 다시 한번 이들을 위한 성대한 환영 연회가 열렸다. 톈진에서는 중국 측에서 준비한 작은 배로 갈아탄 후 운하를 따라 통저우까지 갔다. 그리고 통저우에서부터는 군인과 일꾼들을 제외한 92명의 사절단이 마차를 타고 북경성으로 입성했다(1793.8.21 양). 베이징에 도착했을 때 건륭제는 이미 청더(열하)에 있었기에 만날 수 없었고, 이들은 베이징에서 며칠 휴식을 취한 후 구베이(古北)의 장성 관문을 지나 건륭제의 생일잔치가 거행되는 열하로 이동하였다.

---

17) 경기 지역을 직례(直隸)라 불렀다. 허베이, 톈진, 그리고 산동 일부 지역을 포함하였다.

미몽 속의 제국

메카트니의 이동 경로

통저우 부두에서 환영받는 메카트니 일행

메카트니의 미션

사절단은 인도와 동남아에서 두 척을 더 추가하여 총 다섯 척의 대함대가 되었다. 영국이 이렇게 큰 규모의 사절단을, 그것도 한 나라를 향해 보낸 데는 분명 이유와 목적이 있었을 것이다. 메카트니에게 주어진 미션은 무엇이었을까?

앞서서 동인도회사가 수십 년 동안 시도해왔던 추가 항구의 개항 시도가 번번이 실패로 돌아가자 영국은 이제 정부 차원의 행동이 필요하다고 생각하였다. 그리고 이 정부 차원의 행동이란 단순히 교역 채널을 더 열어달라는 요구를 넘어서 동양을 대표하는 제국과 서양을 대표하는 제국 간의 근대적이고 장기적이며 보다 전략적인 외교·무역 관계를 수립하자는 취지가 담겨 있었다. 이 사절단 활동은 영국 정부와 동인도회사의 합작 프로젝트였으므로 그 미션도 역시 정부의 미션과 회사의 미션이 있었다.

첫째, 영국 정부는 중국이 자신들만의 세계에 갇혀서 세계가 지금 어떻게 돌아가는지 모르고 있고 대영제국이 어떤 나라인지도 잘 모른다고 생각하고 있었다. 그래서 동양의 제국과 외교관계 수립을 제안하면서 자신들의 강대함과 선진성을 보여줄 필요가 있었다. 이들은 다소 이런 마음을 가지고 있었을 것이다. "당신들이 상대하는 대영제국이 어떤 나라인지 잘 모르는 모양인데 이번에 똑똑히 보시라!"

이를 위해 영국 정부가 선택한 방식은 '과학기술'이었다. 영국은 산업혁명의 발상지 아니었던가? 메카트니 사절단의 상선 갑

판 아래 가득히 실린 소위 '선물'이라 하는 것들은 우리가 생각하는 그런 보기 좋은 장식품이나 상아나 루비, 사파이어와 같은 보석류를 깎아 만든 공예품들이 아니었다. 이들이 가지고 온 물품 목록에는 천체운행의, 태양계의, 지구의, 허셀 망원경, 파커 렌즈, 기압기 등 천문관측 기기와 측량 기기들, 증기기관, 방직기, 소면기[18], 직조기 등 산업혁명을 이끈 공장 기기의 모형, 휴대용 시계, 자명종, 축음기, 샹들리에 같은 기술집약적 생활기기들, 그리고 유탄포, 박격포, 모제르 소총[19], 연발권총 등 당시로서는 첨단 군사무기라 할 수 있는 병기들이 있었다. 심지어는 120문의 대구경 대포가 장착된 최첨단 전함인 '임페리얼호'를 실물과 똑같이 축소한 모형도 있었다. 이런 것들이 다 무엇인가? 당시 유럽의 첨단 과학기술이 집약된 제품들이었다. 그래서 이들은 휴대가 가능한 소형 물품만 열하로 가지고 갔고 대형 측량 기기들은 원명원에 전시를 하기로 하였다. 이 중 천체운행의와 같은 제품은 영국에서 파견된 전문가들에 의해 조립에만 1달이 걸렸다. 그래서 메카트니 사절단에는 그렇게 많은 과학자와 엔지니어들이 탑승했던 것이다. 원명원의 대전은 이들이 가져온 첨단 관측 기기들의 전시관이 되었고 이러한 기기들은 황제가 생일 잔치를 마치고 돌아와 참관하기를 기다리고 있었다. 영국 정부는 이런 것들은 필히 중국에 없을 것이며 이 신

---

18) 소면기(梳綿機): 면방적에 쓰는 기계의 하나. 개면기나 솜틀로 대강 풀어헤친 솜을 다시 가는 바늘의 작용으로 불순물이나 짧은 섬유를 제거하고, 그 솜을 가지런히 하는 공정을 밟아 실로 만들 수 있도록 한다.

19) Mauser 총

천체운행의를 원명원으로 옮기는 모습

기한 물건들을 본 중국인들은 곧 영국의 위대함을 느끼게 될 거라 믿었다. 허셜 망원경은 너비가 4미터에 높이가 7.5미터나 되는 거대 천체 망원경인데 허셜은 이 망원경으로 명왕성의 존재를 밝혀냈다. 허셜은 그의 인생에서 상당한 기간을 망원경을 만들어 팔아 생계를 유지하였는데, 이는 당시 영국에서는 별을 보는 천체망원경에 대한 수요가 민간인들 사이에서도 상당했다는 걸 뜻한다.

둘째, 제도·법률적 측면을 개선해야 했다. 이들은 자신들의 중국과의 무역이 절대 공정하지 못하다고 굳게 믿고 있었는데 그 핵심에는 자신들이 광저우에서만 교역을 해야 한다는 점과 광저우 공행(13행)의 횡포가 도를 넘었다는 데에 있었다. 건륭

미몽 속의 제국

제 이래로 광저우에는 외국인들에 대한 각종 제한과 '불가(不可)'로 넘쳐났다. 외국인들은 중국 남부의 광저우 연안에서만 교역해야 했고, 정부가 지정한 13행과만 교역해야 했다. 이들은 마음대로 외출을 할 수 없었고, 13행 이외의 중국인들과 접촉해서도 안 되었다. 가마를 타서도 안 되었고, 중국어를 해서도 안 되었으며 여자를 데리고 들어와도 안 되었고, 광저우에서 여름과 겨울을 나서도 안 되었다. 이것이 다라면 그래도 참고 장사를 하겠지만 13행과 해관 관리들의 횡포와 부패로 외국 상인들의 이익은 점점 줄어들었다. 이런 상황하에서 영국 정부는 추가 항구를 개방해 달라는 요청과 함께 불필요한 세금을 경감시켜 달라는 요청을 하지 않을 수 없었다.

셋째, 17세기 후반이 되면 영국은 중국의 가장 큰 무역 파트너가 된다. 한 가지 데이터를 들자면 1789년에 광저우에 입항한 외국 배가 총 86척이었는데 이 중 61척이 영국 배였다. 그런데 이에 비해 영국은 중국 정부에 어떠한 직접 연락채널도 가지고 있지 않았다. 포르투갈이 중국의 주된 서양 파트너였던 명나라 후기에서 청나라 초기에는 가톨릭 예수회 선교사가 베이징과의 연락을 담당했지만, 이제는 그런 방식조차 이용할 수 없었다. 기독교는 옹정제 이래로 중국에서 공식적으로 금지되었고 흠천감[20]에서 일하는 서양 선교사는 더 이상 어느 나라를 대

---

20) 명청 시기의 '기상관측'을 담당하는 관청이다. 청나라 때는 흠천감의 수장으로 서양 선교사를 썼다. 기독교가 금지된 후로도 서양 선교사가 흠천감 수장을 맡는 전통은 계속되다가 아편전쟁 후로 폐지되었다. 사실 메카트니 사절단이 가져온 천문 관측 기기들은 그와 비슷한 것들이(물론 다소 구식이었겠지만) 청 정부 흠천감에도 있었다. 그

표하지 않았다. 청나라는 아편전쟁 이전까지 서양과 외교 사무를 전담하는 중앙 부처가 없었고 그 역할은 거의 양광 총독 또는 광동성 순무의 일이었다. 그러니 서양의 요구사항이 있더라도 광동성 순무가 뭉개고 있으면 중앙에 전달이 되지 않았고 모든 것을 광동성의 결정에 따라야 했다. 이미 중국의 대외무역에서 절대적인 위치를 차지하고 있던 영국은 이건 말이 안 된다고 생각했고 이에 메카트니에게는 베이징에 공사관을 설립하는 미션이 주어진다.

넷째, 영국 측은 중국으로부터 해안의 작은 섬을 하나 빌려 자신들의 관할하에서 무역상들이 거주하고, 물건을 저장하고, 선박을 수리하는 무역 기지로 사용할 것을 요구하고자 하였다. 물론 이는 영토의 할양과 마찬가지이므로 중국 측에서 받아들일 리가 만무했다. 하지만 영국인들이 보기에 과거 포르투갈이 명 정부로부터 마카오를 영구 임대한 선례가 있으니 한번 해 볼 만하다고 생각했을 수도 있다. 영국은 건륭제 때 두 차례나 마카오를 접수하려고 시도했다가 포르투갈의 강한 저항에 부딪쳐 실패로 끝난 적이 있는데, 이런 걸 보면 이들은 중국과의 무역을 늘리는 데에 있어서 무역 기지의 확보가 필수라고 생각했던 것 같다. 물론 이는 건륭제의 영국에 대한 견제 심리를 더욱 증대시키는 결과를 가져올 뿐이었다. 위의 네 가지 미션 중 두 개는 외교적 미션이고 두 개는 상업적 미션이었다. 세 번째와 네

래서 영국 정부의 생각과는 달리 청 황제와 고위 관료들에게 있어서 이러한 기기들이 완전히 처음 보는 물건들은 아니었다.

번째 미션, 특히 네 번째 요구 사항은 '자신들(대영제국)은 세계적인 대국이며 중국에 이 정도의 요구를 해도 될 정도로 충분히 자격이 있다'라는 오만한 희망 사항이었다.

'삼궤구고(三跪九叩)' 문제

그러나 양측의 화기애애한 분위기는 오래가지 못했다. 외교 의전 문제, 즉 황제에 대한 '예의(禮儀)' 문제가 발생했기 때문이다. 량컨탕과 쩡루이는 자신들이 시범까지 보이면서 메카트니에게 모든 신하국들이 하듯이 황제에게 '삼궤구고(三跪九叩, 세 번 무릎을 꿇고 아홉 번 머리를 바닥에 조아리는 것)'를 할 것을 요구했으나 뜻밖에도 메카트니가 이를 거부한 것이다.

"우리 국왕한테 보이는 이상의 존경을 당신들 황제에게 보일 순 없습니다."
"……… 당신네 국왕한테는 어떻게 인사를 하나요?"
"우리는 국왕께 한쪽 무릎을 꿇고 그의 손등에 키스를 합니다. 오직 하나님 앞에서만 두 무릎을 꿇을 뿐입니다. 그러니 중국의 황제께도 한쪽 무릎을 꿇는 게 맞다고 생각합니다."

량컨탕과 예부는 난리가 났다. 어떻게든 이들을 '삼궤구고' 하게 만들지 않으면 안 되었다. 안 그러면 황제의 생일잔치에 찬물을 끼얹는 상황이 될 것이고 자신들에게 책임이 돌아올 것이기 때문이다.

"그냥 형식적인 것이니 너무 의미를 둘 필요 없습니다. 우리 나라의 의례규범인 《대청통례大淸通礼》에 규정되어 있는 대로 하는 것이고 다른 나라 사신들도 다 그렇게 해오고 있습니다."

이런 식으로 이들은 설명도 하고 달래기도 하며 메카트니를 설득하려 했으나 그 또한 완강하였다.

"그건 중국을 중심으로 속번(屬藩) 관계에 있는 나라들 얘기고 대영제국은 중국의 속번이 아니니 당신들의 사대외교 질서 내 규범을 따를 필요가 없습니다. 그리고 유럽의 각국은 이미 나라 의 크기에 상관없이 서로 동등한 자격으로 외교적 교류를 합니 다."

결국 이 상황이 건륭제의 귀에 들어가지 않을 수 없었고 그는 불쾌감을 표하면서 '너무 과도한 접대는 이들을 오만하게 만들 수 있으니 적당히 할 것'을 지시하였다. 이 상황을 이해하기 위 해선 우선 '국가 간 관계'에 대한 개념에 있어서 두 세계 간에 매 우 큰 차이가 있었다는 걸 인지해야 한다. 동북아에서 '외교(外 交)'는 훨씬 나중에 나온 개념이고 당시에는 외교란 단어조차 존 재하지 않았다. 근대적 개념의 외교관계란 국가 대 국가로서 조 약을 체결하고 서로의 수도에 공관을 세워서 자기 나라를 대표 하는 공사(대사)를 상주시킨다. 실질적으로는 힘의 크기에 의해 착취 또는 이권 침탈의 관계가 될 수 있지만 최소한 형식적으로는 동등한 관계이다. 그러나 당시 동북아에는 이런 개념 자체가 없었다. 이들에게는 중국 아니면 번속국이었다. 이들의 중앙 정부에는 외교사무를 전담하는 부서도 없이 오늘날의 문화·교육부에 해당하는 예부(禮部)의 소수민족 사무 부서에서 이런 일들을 도맡아 하고 있었다. 그러므로 중국인들이 생각하는 외국과의 관계란 그저 번속국과의 관계를 말하는 것이었고 번속국의 사신이 들어왔을 때 조공을 바치고 신하로서 두 무릎을 꿇고 절을 하는 것은 너무나도 자연스러운 일이었다. 퉁저우에서 갈아탄 메카트니 일행의 마차에는 "영국에서 공물을 바치러(進貢) 온 사신"이라는 깃발이 꽂혀 있었고, 건륭제에게 준 영국 국왕의 선물은 모두 "공납품(貢品)"이라 불렸다.

"포르투갈과 프랑스는 당신들의 속국인가요?"

"우리가 이들 나라에 보호를 제공하기도 하지만 그렇다고 속국은 아닙니다."

"그럼 이들 나라 사신들은 영국에 왔을 때 어떤 예를 표합니까?"

"유럽에서는 나라의 크기에 상관없이 동등한 입장에서 외교적 교류를 합니다."

메카트니는 중국 측으로부터 '삼궤구고'를 요구받았을 때 '생각치도 못했던 일'이라며 당황해하고 당혹스러워했을까? 아니다. 이들은 중국에 도착하기 전부터 중국 정부와 의례 문제로 갈등이 있을 것을 예상하고 있었다. 이 사절단 프로젝트의 기획자이자 주관자인 헨리 던다스(Henry Dundas, 당시 내무부 장관)[21]는 출발 전 메카트니에게 이렇게 지시했다. "베이징에 도착하면 그들과 의전과 의식 문제로 의견충돌이 있을 수도 있다. 그때는 당신의 존엄을 떨어뜨리는 의식이라도 모두 수용하라. 하찮은 문제로 중대한 미션을 망치지 말라."[22]

그럼에도 불구하고 메카트니는 삼궤구고를 거부하였다. 자신의 미션 수행에 상당히 불리하게 작용할 수 있음에도 불구하고 메카트니가 이를 완강히 거부한 건 왜였을까? 그가 그렇게 한 데는 분명 나름의 이유와 고민이 있었을 것이다. 그에게 있어서 삼궤구고는 단지 인사를 어떻게 하느냐의 문제가 아니라 중국식 외교관계, 즉 종주 관계에 기반한 사대관계를 인정하느냐의 문제였다. 영국이 요구하고 관철시키려고 했던 것은 쌍방이 동등한 위치에서 자유무역을 하고 양국 간에 공사를 파견하는 근대적 외교통상 관계였다. 이들은 자신들이 중국을 중심으로 한 사대외교 체제에 들어올 하등의 이유가 없었고 이러한 전근대적이고 봉건적인 동북아 외교 질서는 곧 해체되어야 한다고 믿고 있었다.

이 일은 결국 량컨탕과 쩡루이에 의해 수석 군기대신인 화신

---

21) 그는 차(茶)에 대한 세금을 119%에서 12.5%로 떨어뜨렸던 수상 윌리엄 핏(William Pitt the Younger)의 오른팔로서 오래전부터 이 사절단 프로젝트를 기획하고 준비해 왔다.

22) James Louis Hevia 저, 邓常春 역 『怀柔远人(Cherishing Men from Afar: Qing Guest Ritual and the Macartney Embassy of 1793』社会科学文献出版社 2019.8

(和珅)에게 보고되었다.

"이렇게 고집을 부리시면 오히려 당신들이 매우 곤란해질 수 있습니다."

"우리가 가져온 영국 국왕의 초상화 앞에서 나(메카트니)와 동급의 중국 측 대신이 삼궤구고를 한다면 나도 황제께 삼궤구고를 하겠습니다."

며칠 후 화신은 영국식으로 한쪽 무릎을 꿇는 걸 허락하되 손등에 키스는 안 된다고 알려왔다. 갑작스러운 승리(?)에 메카트니도 다소 의외라 생각했지만 이런 일은 역시 최종 결정권자가 개입하면 금방 끝이 나기도 한다. 화신은 어쩔수 없이 건륭제에게 조심스레 보고했는데 의외로 건륭제로부터 '알았다'라는 짧은 답을 얻은 것이다. 사실 이 역시 확실치는 않으며 양국 간에 서로 말이 다르다. 영국의 기록에는 '메카트니가 한쪽 무릎을 꿇고 머리를 세 번 숙이는 예를 치렀다'고 적혀 있지만 당시 중국의 재상인 화신의 상주문에는 '절을 했다'고 되어있기 때문이다. 어떤 이들은 메카트니와 황제의 만남이 두 번에 의해 이루어졌으며 한 번은 한쪽 무릎을 꿇고 또 한 번은 두 무릎을 꿇는 걸로 절충을 봤다고 하기도 한다.[23] 그 후 양국의 사학자들은

---

23) 열하에서 메카트니가 건륭제를 알현한 건 9월 14일 커다란 게르(몽고식 텐트) 안에서와 9월 19일에 광명정대전에서 열린 황제의 생일 연회에서의 두 번이었다. 영국 측의 기록은 9월 14일에 대해서는 "kneeling on one knee and bowing his head thrice(한쪽 무릎을 꿇고 머리를 세번 숙였다)"라고 자세히 기술하고 있으나 9월 19일에 어떻게 인사를 했다는 것에 대해서는 기술하고 있지 않고 있다. 반면 중국의 기록에는 9월 19일에 "跪下了(꿇었다)"로 되어 있다.

100년이 넘도록 '양쪽 무릎을 꿇었느니', '한쪽 무릎만 꿇었느니'를 가지고 논쟁한다.

건륭제에게 국서를 전달하는 메카트니

꼬일 대로 꼬여버린 사절단의 미션

　메카트니는 피서산장 대전에서 열린 건륭제 생일잔치 때 영국 국왕의 선물과 통상에 대한 요구가 담긴 국서를 전달하였지만, 번역본이 없었기에 건륭제는 그게 어떤 내용인지 알 수가 없었다. 또한 행사가 끊임없이 진행되었기에 그는 건륭제와 단독으로 이야기를 나눌 기회조차 없었다. 대신 메카트니는 신하들의 우두머리인 화신과 이야기를 나누는 기회는 몇 번 있었다. 연회장에서 화신과 옆자리에 앉기도 했고 화신이 메카트니를 데리고 피서 산장을 구경시켜 주기도 했다. 메카트니는 기회를 잡아 화신에게 비즈니스 이야기를 꺼내곤 했는데 이때마다 그는 동문서답을 하거나 '알았으니 나중에 이야기하자'는 식으로 뒤로 미루었다. 청의 대신들은 황제의 생일잔치 기간에는 가급적 업무 이야기를 하지 않으려는 것 같았다.

연회의 마지막 날인 9월 19일, 메카트니는 화신에게 몇 가지 요구 사항을 제기하였다. 이 요구 사항은 청 정부의 입장에서는 (자신들이 다른 나라의 사신단에게 하듯이) 사신단에게 장사를 할 수 있게끔 베풀어주는 조치처럼 받아들여질 수 있었는데 이것이 양자 간의 깊은 오해의 시작이었다. 메카트니의 이날 요구 사항에는 힌두스탄호(Ship Hindostan)의 맥킨토시(Mackintosh) 선장을 저장성 닝보로 보내어 그곳의 무역업무를 돌볼 수 있도록 허락해 달라는 것과 현재 닝보에 있는 두 명의 선교사를 베이징으로 올려보내어 제국을 위해 복무하도록 하고 그들로 하여금 광동성에 있는 영국의 사신단 일원과 직접 통신을 하는 것을 허락해 달라는 것이었다. 힌두스탄호는 동인도회사 소속의 상선인데 선장인 맥킨토시는 이들과 같이 베이징으로 왔고 배는 다시 저장성으로 돌려보내진 상태였다.

바로 다음 날 군기대신들은 회의를 거쳐 메카트니에게 이렇게 회답하였다.

"배(힌두스탄호) 안에 일을 대신할 사람들이 많이 있는 걸로 아는데 맥킨토시가 굳이 저장까지 갈 필요가 있겠습니까? 설령 꼭 가야 한다고 하더라도 반드시 청 정부 사람들의 호송이 필요하고 업무를 마친 후에는 다시 베이징으로 돌아와야 합니다."

저장성에서 무역을 하게 해달라는 것에 대해서는 이렇게 말하였다.

"절강에서 무역은 가능합니다. 단 무역할 물품 목록을 공사(贡使, 이들은 메카트니를 이렇게 불렀다)께서 절강성 순무에게 보내주셔야 합니다. 순무가 그걸 다시 귀국의 상선에 전달할 것이고 그래야 질서 있는 무역이 행해지고 영국인이 공평한 대우를 받을 것입니다. 저장에서의 무역에 대해서는 어떠한 세금도 부과하지 않겠습니다."

또한, 선교사를 베이징으로 보내는 일에 대해서는 이렇게 답하였다.

"이 일은 공사께서 천진에 도착하자마자 요청하셨으면 저희 조정에서 그에 따라 안배를 했었을 것입니다. 당시에는 아무 말 없으셨다가 지금 절강에서 북경으로 이동시키라 하니 조금 난감하긴 합니다만, 상관없습니다. 공사께서는 서둘러서 절강 순무 앞으로 서신을 보내어 호송인을 붙여 북경으로 보내달라고 요청하십시오. 그리고, 편지는 사신단이 원하기만 하면 제국의 역참을 통해 언제든지 보낼 수 있습니다."

바로 다음 날인 9월 21일(이날은 사절단이 열하를 떠난 날이기도 하다) 쩡루이가 화신에게 메카트니의 입장을 보고했다.

"공사는 일단 조정의 안배에 감사를 표했습니다. 그러면서 몇 가지 요청을 덧붙였습니다."

"뭐라고 하던데?"

"폐하께서 무역을 허락한다는 정식 조서를 절강 순무에게 내려달라 합니다."

"뭣이?"

"또한, 공사는 굳이 자기가 무역 물품 목록을 보내줄 필요가 있냐고 합니다."

"어허!"

"맥킨토시를 절강으로 보내는 일에 관해서는 현재 그 배를 몰 수 있는 사람이 없어서 닝보에서 출발을 할 수가 없다고 합니다. 그리고 선교사에 관해서는 조정에서 공문서 한 장 보내면 그만이지 자기가 굳이 서신을 보낼 필요가 있냐고 합니다."

외교란 언어 하나하나, 행동 하나하나가 민감한 것이다. 이날 메카트니의 입장은 분명 도를 넘는 태도였고 오만하게 보일 소지가 다분히 있었다. 청 정부는 예의(삼궤구고) 문제로 이미 빈정이 상해 있는 상태였고 이들에 대한 호감이 많이 내려가 있던 상태였으나 메카트니는 어쩌면 예의 문제에서 승리(?)한 것에 취해 있었을지도 모른다. 메카트니 사절단 방중 사건은 오늘날까지도 여전히 풀리지 않는 의문이 남아있고 여러 사람이 이를 두고 논쟁해왔다. 위의 문제만 하더라도 메카트니의 태도에는 언뜻 이해 가지 않는 부분들이 있다. 사실 메카트니 사절단 사건은 오해와 미스 커뮤니케이션의 연속이었다. 이 외교 참사와 같은 일을 필자의 눈으로 재구성하자면 이렇다.

9월 19일 메카트니가 화신에게 제출한 요구 사항은 분명 자신들이 준비한 통상 제안이었을 것이다. 그러나 저장성에서 무역을 해도 된다는 화신의 회답은 통상 항구의 개방을 뜻하는 것이 아니라 사신단이 머무는 기간 동안 장사를 해도 된다는 뜻이었을 것이다. 명청 시기 중국은 베이징으로 오는 외국의 사신단에게 체류하는 동안 장사를 하게끔 허락하였다. 조선 역시 베이징으로 가는 사신단의 짐에는 다량의 홍삼이 들어있었고 이들이 가져 온 고려홍삼은 역관들에 의해 베이징의 약재상들에게 팔렸다. 그래서 조선 사신단이 묵는 처소에는 홍삼 거래를 하려는 약재상들로 붐볐는데 이는 청 정부가 관례적으로 사신단에게 베푸는 일종의 특혜였다. 화신이 저장성에서 무역을 해도 된다고 흔쾌히 말한 것은 아마도 이런 뜻이었을 것이다. 이러한 관례를 모르고 있던 메카트니는 이를 자신의 제안이 받아들여졌다고 이해했을 것이고 이에 '(매번) 굳이 자기가 무역 물품 목록을 보내줄 필요가 있느냐.'라는 본의 아닌 도발적인 회신이 나간 것이다. 선교사를 베이징으로 보내는 일도 메카트니는 '상주'를 뜻했을 것이고 화신은 '사절단 체류 기간'을 말했을 것이다. 왜냐하면 건륭제 정부가 그렇게도 완고하게 유지해 오던 '1 port system'과 '사교(邪敎) 유입 불허' 정책을 이렇게 쉽게 열어줄 리가 없기 때문이다.

이러한 기본적인 오해가 발생한 이유는 통역이 불완전했다는 것이 매우 컸다. 많은 사람이 이를 간과하는데 당시 사절단이 데려온 통역의 수준이란 게 영 형편없었고, 베이징의 선교사들은 중국어를 라틴어로 번역하였고 다시 라틴어를 영어로 번역해야 했다. 이 과정에서 많은 오역이 발생했을 수밖에 없다. 또한 대부분이 포르투갈과 스페인, 프랑스계였던 베이징의 가톨릭 선교사들이 영국인들이 중국 정부에 접근하는 것에 얼마나 협조적으로 대했을까도 생각해 볼 만하다. 또 한 가지는 사절단이 중국의 관례와 정책에 대해 충분히 인지하지 못하고 있었다는 데에 있다. 사신단 무역이라는 게 존재한다는 걸 알았으면 자신들의 커뮤니케이션에서 오해의 소지가 있을 수 있음을 인지했을 텐데 그러지 못했다. 마지막으로 메카트니 자신의 과도한 자신감 아니면 조급함이 있었을 것이다. 혹은 둘 다였을 수도 있다. 그는 신중하지 못했던 것 같다. 베테랑도 어이없는 잘못을 저지를 때가 있는데 이런 경우는 대개 자신감이 극에 달해 있거나 조급했을 때이다. 그리고 그 자신감과 조급함은 조심성을 무뎌지게 한다.

청 정부는 이제 메카트니가 진실성이 없다는 결론을 내렸다. 건륭제는 "그 배를 몰 수 있는 사람이 없는데 천진에서 닝보까지는 어떻게 갔냐?"며 날카롭게 지적하였다. 당시 건륭제가 83세의 고령이긴 했지만 그래도 무려 60년이나 제국을 통치하면서 청나라를 최전성기로 올려놓았던 사람이다. 세습을 하는 봉건군주 체제에서는 혼군이 나오기도 하고 폭군이 나오기도 하지만 건륭제는 혼군도 폭군도 아니었다. 후세의 역사는, 특히 서구의 사학자들은 건륭제와 청 통치 그룹이 세상에 대해 무지한 집단이 될수록 메카트니 사절단의 실패가 정당화되기 때문에 계속해서 그런 면을 부각시켜 왔다. 하지만 한편으로 우리는 한 시대를 호령했던 통치자가 한순간에 그렇게 바보가 될 수 있냐는 것에 의심을 가져볼 필요가 있다. 그는 화신을 통해 메카트니의 정황을 계속 보고받고 있었고 때때로 통찰력을 발휘하는 지적과 지시를 하기도 했다. 그가 영국과 유럽의 정보에 대해 어둡긴 했어도 아예 모르진 않았다. 흠천감의 서양 선교사들을 통해 때때로 서구의 정황을 보고받았기 때문이다. 오히려 서구의 정보에 대해 눈과 귀를 닫은 건 그의 아들, 손자 때였다. 건륭제는 메카트니가 오기 몇 년 전에 벌어진 프랑스 대혁명(1789~1799)에 대해서도 알고 있었고 그래서 량컨탕과 쩡루이는 메카트니 사절단에게 수차례 프랑스와 영국의 관계에 대해 물어보았다. 메카트니가 오기 얼마 전까지도 청은 남서쪽 변경에서 티벳 민족과 전쟁, 네팔의 구르카족과 전쟁을 벌이느라 많은 힘을 소진하였는데, 청 정부는 인도를 점령하고 있는 영국이 이들을 지원한다는 의심을 품고 있었다. 그러니 중국 정부가 영국이란 나라에 대해 정치적으로 견제 심리가 있었다는 것도 당시 정황을 판단하는 데 고려에 넣어야 한다.

미션의 실패

9월 23일에 건륭제의 조서가 양광 총독, 절강 순무, 광동 순무에게 하달되었다. 그 조서에는 메카트니 사절단이 제기한 요구 사항들에 대해 정부가 왜 거절할 수밖에 없었는가에 대한 설명과 함께, 그간 사절단과 있었던 일들을 회고하며 일이 이렇게 된 데는 이들을 성대하게 접대할 것을 지시했던 건륭제 자신에게도 일말의 책임이 있다고 인정하였다. 그러면서 향후 영국인들의 반응을 예의 주시하며 이에 대비하라고 지시하였다.

베이징으로 돌아온 메카트니는 그곳에서 춘절 때까지 머물면서 기회를 보려 했으나, 중국 관리들은 청 정부의 규정을 들이대며 외국인은 수도 베이징에 40일 이상 체류할 수 없으니 곧 떠나라고 완곡하게 압박하였다. 건륭제는 원명원에 설치된 천체운행의를 보고는 '애들이 좋아하겠다'라며 치부해버리고는 이들이 가져온 첨단 장비들에 눈길도 주지 않았다.

자신의 미션을 하나도 완수하지 못하고 빈손으로 돌아가게 된 메카트니는 출발 날짜가 다가올수록 초조해졌다. 그리고, 1793년 10월 3일 자금성의 가장 크고 웅장한 태화전(太和殿)에서 사절단의 출발인사 의식(起程仪式)이 거행되었다. 황제는 영국 국왕에게 보내는 국서와 선물 목록을 화신을 통해 전달하였으며 여기 적힌 모든 선물은 사절단의 숙소로 전달될 것이라 말했다. 그리고 화신은 메카트니에게 자신을 포함해서 모든 대신들이 받은 영국의 '귀중하고 정교한' 선물들은 받을 수가 없으니 다시 가져가라고 했다. 이때 메카트니는 사절단의 미션이 파산했음을 깨달았다.

행사가 끝날 무렵 메카트니는 자신이 떠나기 전 마지막 시도를 해 보고자 했다. 화신에게 영국 정부가 요청하는 재중 영국 기관에 대해 이야기를 나눌 수 있게 해달라고 부탁했고 화신은 서면으로 써서 주면 보겠다고 했다. 중국인들이 이렇게 말할 때는 대개 들어주고 싶지 않은데 할 수 없이 상대해 줄 때이다. 메카트니는 곧바로 숙소로 돌아가 여섯 가지의 요구사항을 글로 써서 화신에게 보냈고 그 내용은 이와 같았다.

1. 쩌우산, 닝보, 텐진에서의 무역을 허락할 것.
2. 베이징에 영국의 사신을 상주시켜 업무 연락을 하도록 허락할 것.
3. 쩌우산 부근의 작은 섬 하나를 영국 상인들의 정박, 거주, 화물저장 기지로 이용하게끔 안배할 것.
4. 광저우에 영국 상인들의 상업지구를 조성할 것.
5. 마카오와 광저우 간의 화물 운송세를 감면해 줄 것.
6. 영국 선교사가 중국에서 전도하는 것을 허락할 것.

메카트니는 10월 7일에 북경을 떠났고, 건륭제는 백성들에게 발표하는 조서의 형식을 취하여 영국에게 경고했다. 내용은 대략 이렇다.

"중국은 물산이 풍부하여 너희 나라에서 만드는 그런 조잡스러운 물건은 필요가 없다. 그러므로 우리는 너희랑 통상할 생각이 없다. 만약 너희가 순수한 마음으로 중국에 하례하러 온다면 진심으로 대하겠지만 순수하지 못한 마음으로 온다면 환영받지 못할 것이다. 나는 경고했으니 이를 지키지 않고 맘대로 들어올 경우 그때는 어떤 일이 일어날지라도 나를 탓하지 말라."

더 큰 충돌을 예약해 둔 메카트니 사절단 방문

결국 메카트니 사절단은 얻은 것 없이 빈손으로 돌아갔다. 건

룽제는 중국의 강성하고 번화한 모습을 보고 가라는 뜻에서 이들을 내륙 운하와 마차를 통해 이동하도록 했고, 이렇게 이들은 70일에 걸쳐 중국을 북에서 남으로 횡단한 후 광저우에서 중국을 떴다. 그러나 건륭제의 의도와는 정반대로 이때 메카트니 일행은 강건성세(康乾盛世)24)의 뒤에 숨겨진 중국 농촌의 실상을 생생히 목도했다. 메카트니 사절단이 얻은 소득이 있다면 이것 하나였다.

본국으로 귀국한 메카트니는 영국인들이 치욕스러워할 내용들을 적나라하게 밝히지는 않았다. 그럴수록 자신의 외교 실패를 드러내는 것이었기 때문이다. 하지만 이미 당시의 유럽 언론은 그들이 가린다고 가려지는 수준이 아니었다. 영국의 신문은 그가 청 황제 앞에서 품위를 잃은 듯한 만평을 그려댔고, 자신이 조롱당했다고(혹은 자신의 외교적 커리어에 큰 손상을 입었다고) 느꼈던 메카트니는 더욱 중국에 안티(Anti)가 되었다. 그 후 그는 중국 사회에 대한 부정적인 묘사와 보고서를 냈고 이는 영국인들의 중국에 대한 환상을 완전히 뒤엎었다. 그는 "중국의 힘은 환상이며 청 왕조는 쇠락하고 결국 붕괴될 것이다"라 예언했다. 심지어는 자신의 생애가 끝나기 전에 중국의 붕괴를 보게 될 것이라 했다. 뒤이어 사절단의 관리 책임자였던 존 베로우(John Barrow)가 자신의 사절단 보고서를 내면서 유럽인들의 중국에 대한 비호감은 극에 달했다. 베로우는 그의 보고서에서 중국을 신랄하게 비판하였기 때문이다. 이렇게 유럽인들이 가지고 있

---

24) 강희제에서 건륭제에 걸치는 강성함과 풍요로움. 청 왕조의 전성기를 말함.

었던 중국에 대한 환상은 깨지고 호감은 땅에 떨어졌다.

[중국을 좋아했던 최연소 사절단원에서
반중 하원의원이 된 토마스 스턴튼]

메카트니 사절단에는 12살의 조지 토마스 스턴튼(George Thomas Staunton, 1781~1859)도 있었다. 그는 아버지 조지 레오나르드 스턴튼(George Leonard Staunton)이 사절단의 부단장(이전에는 메카트니의 비서였다)이었기에 이 사절단에 합류되는 행운을 얻을 수 있었다. 중국에 대한 동경이 있었던 어린 스턴튼은 떠나기 전 사절단의 관리 책임자인 존 베로우와 함께 중국어를 배우는 등 사절단으로 가는 것에 매우 흥분하였다. 그런데 그는 후에 중국에 무력을 행사해야 함을 의회에 강하게 주장하는 등 영국이 아편전쟁을 일으키게 한 중요 인물 중 하나가 된다.

건륭제는 이 중국어를 할 줄 아는 기특한 서양 아이에게 각별한 관심을 보이며 좋아했다. 그에게 비취를 선물로 주었으며, 자신의 허리띠를 풀러 용이 새겨진 황금색 비단 주머니를 주었다. 당시 건륭제가 그에게 준 선물들은 지금도 빅토리아 엘버트 박물관에 소장되어 있다.

토마스 스턴튼은 그의 나이 17살인 1798년에 동인도회사 광저우 상관의 서기원(서류 업무)로 취직하여 다시 중국에 왔다. 이 시기 그는 열정적으로 중국어와 중국 문화에 관한 연구를 하여 누구보다도 중국에 대한 이해가 높아졌다. 1810년에 그는 10년에 걸친 중국에 대한 자료수집과 이해를 통해 『Great Qing Legal Code(대청율령평론)』을 발표하여 중국의 법률 시스템에 대해 소개했다. 1814년에(33살) 그는

미몽 속의 제국

동인도회사 광저우 상관의 특별위원이 되었고, 이듬해에는 동인도회사의 중국 비즈니스를 총괄하는 광저우 상관의 수석특별위원이 되었다. 이렇게 그는 영국 최고의 중국통이 되었다.

그는 과거 메카트니가 중국에 대해 과도한 기대와 고평가를 했다는 결론을 내리고 관리 담당이었던 존 베로우의 분석이 맞았다고 평가하였다. 본국으로 돌아간 후 그는 자신이 수집한 자료와 경험에 의거하여 책을 냈고, 거기서 중국의 정치, 경제, 외교, 문화 등에 대한 자신의 견해를 피력했는데 이는 유럽인들의 중국에 대한 인식에 있어서 매우 큰 영향을 미쳤다.

영국은 1816년에 윌리엄 에머스트(William Pitt Amherst)와 헨리 엘리스(Henry Ellis)를 단장과 부단장으로 한 2차 통상 사절단을 중국에 보냈고 이때 동인도회사의 광저우 법인장이었던 스턴튼은 사절단의 고문으로 조인한다(메카트니 사절단 방중 23년 후). 이때도 역시 삼궤구고의 문제가 있었고 또다시 이를 거부한 이들은 문전박대 당하며 돌아오는데, 당시 삼궤구고를 하지 말 것을 주장했던 이가 바로 스턴튼이었다. 이후로 스턴튼은 중국에 적대적이고 강경한 입장이 되었다. 그는 1818~1852년 동안 영국의 하원의원이 되었고 대중국 정책에 있어서 영향력 있는 인사가 된다.

후에 중국과의 전쟁을 두고 영국 의회에서는 "정의롭지 못한 무역으로 전쟁을 하면 안 된다."라는 주장이 있었으나 이때 스턴튼이 나서서 "우리가 아편을 팔 때 광저우 관리들이 나서서 배를 내주었는데 이것이 왜 정의롭지 못한 거냐?"라며 강경하게 주장하였다.

또 한 번의 삼궤구고 거절과 에머스트 사절단 문전박대

1816년 7월, 전권 특사 윌리엄 핏 에머스트(William Pitt Amherst)[25]가 이끄는 사절단이 HMS Alceste를 타고 다시 중국을 찾았다(메카트니 사절단으로 왔었던 조지 스턴튼이 고문으로 탑승하였고 중국에 온 개신교 1호 선교사 로버트 모리슨 Robert Morrison이 통역사로 탑승하였다).

역시 "광저우 이북 항구 개통"의 미션을 가지고 온 이들은 톈진의 하이허(海河)에 들어서자마자 23년 전과 마찬가지로 청 정부에 의해 중국식 외교 의례인 '삼궤구고'를 할 것을 요구받았다. 이를 거절한 그들은 이번에는 베이징에 입성도 못 한 채 더 이상의 전진이 거절되었다. 이들은 통상 요구를 제기할 기회조차 없었고 베이징 동쪽의 통저우에서 방향을 돌려야 했다.

가경제 역시 그의 아버지가 한 조치를 똑같이 따라 하여 영국 사절단으로 하여금 내륙을 통해 광저우까지 남하하도록 했다. 발달되고 풍족한 중국의 모습을 직접 보고 가라는 뜻이었는데 에머스트 일행이 보고 느낀 것은 23년 전 메카트니 일행이 보고 느낀 것보다 더하면 더했지 절대 덜하지 않았을 것이다. 이들은 피폐한 중국 농촌의 실상을 두 눈으로 똑똑히 보고 갔다.

한편, 에머스트 경은 자신들이 수 개월에 걸쳐서 내륙을 통해 남하하게 되자, 자신이 타고 온 HMS Alceste의 선장 머레이 멕스엘(Murray Maxwell)과 호송선 HMS Lyra의 선장 바실(Basil

---

25) 제4장에 나오는 영국의 수상 William Pitt the Younger와는 다른 인물이다.

Hall)로 하여금 발해만과 조선의 서해, 오키나와 근해를 탐사한 후 11월 경에 광저우에서 합류할 것을 지시했다. 이해 가을 즘에 이 두 배는 충청도 마량진 앞바다에 정박하였다. 잠깐의 방문이었지만 이 두 영국 군함은 조선에 온 최초의 이양선으로 이름을 남겼고 머레이 멕스웰은 조선을 유럽에 알린 최초의 서양인이 되었다.

에머스트 경은 귀국길에 희망봉을 돌아오면서 아프리카 서쪽의 세인트 헬레나 섬을 들러 유배 중인 나폴레옹을 만났다. 에머스트 경으로부터 중국 일을 이야기 들은 나폴레옹은 그에게 '삼궤구고를 하지 않고 빈손으로 온 건 바보 같은 짓'이라 했다고 한다.

7장

⚜

에머스트(Amherst)호 탐사 사건

에머스트(Amherst)호의 진짜 미션?

영국의 "동부 개항"에 대한 열망은 계속 무르익어 결국 1832년 "로드 에머스트호(the Lord Amherst)"[26] 사건에 이른다. 표면적으로 '통상'이라고 하는 이 탐사단에게 주어진 진짜 "미션"이 뭐였냐에 대해서는 여전히 논쟁적이다. 특히 중국 사학계에서는 에머스트호의 활동은 실제로는 중국 연해의 구체적 정황을 조사(정찰)하는 것이었다고 말하며, 심지어 일부 학자들은 이 탐사를 일종의 첩보 행위라 명하기도 한다.

'헤밀튼 린지(H. Hamilton Lindsay)'는 영국 동인도회사 광동상관의 직원이었다가 점점 지위가 상승하여 회사 내 중요 위치에 오른 사람이었다. 그의 부친 역시 동인도회사의 이사였다. 그는 동인도회사의 광동상관에 의해 이번 탐사 활동의 리더

---

26) 1816년 전권 특사로 톈진에 입항했다가 삼궤구고 문제로 문전박대 당했던 '윌리엄 핏 에머스트'의 이름을 따서 만든 배이다. 윌리엄 핏 에머스트는 후에 인도 총독을 역임했다.

로 지정되었지만, 공식적인 신분은 에머스트호의 선주였다. 동행한 사람 중에는 프로이센의 개신교 전도사 칼 귀즐라프(Karl Friedrich August Gützlaff, 후에 난징조약의 영국 측 상무 대표에 의해 푸저우 영사가 된다)가 통역 겸 의사로 있었고 총 78명이었다. 린지와 귀즐라프는 둘 다 중국어를 할 줄 알았다. 당시 영국 국왕은 윌리엄 4세(1830~1837 재위)였고 그다음 국왕이 바로 대영제국을 전성기로 올려놓은 빅토리아 여왕이다.

중국의 눈을 피하기 위해 이번에 동인도회사는 '교활한 방법'을 썼다. 동인도회사의 신분을 드러내지 않았을 뿐 아니라 자신들이 인도의 벵골에서 출발했으며 일본으로 장사하러 간다고 했다. 그러나 헤밀튼의 미션은 중국의 중요 항구의 군사시설, 당국의 관리들, 민풍 등의 정황을 파악하는 것으로서 향후에 무역 확대를 위한 정보를 얻기 위함이었다. 1832년 3월 26일 에머스트호는 마카오를 출발했고 헤밀튼과 귀즐라프는 정박하는 항구마다 주민들에게 전도, 의료, 선전용 소책자를 배포하였고, 강도(江道) 탐사와 해안 측량, 항해도 제작 등의 활동을 하였다. 헤밀튼이 배포한 책에는『잉글랜드인의 인품과 국가에 대한 요약 설명英格兰人品国事略说』, 그리고『도박을 끊는 명론』,『진실을 숭배하고 거짓을 버린다』등도 있었는데 그들은 이러한 선전용 소책자들이 중국인들의 영국에 대한 의구심을 해소시키는 데 도움이 될 것으로 생각했다.

에머스트 호 탐사 루트(1832)

3월 하순에 에머스트호는 푸젠성과 광동성의 경계 지점인 남
오도(南澳島)에 도착했다. 헤밀튼이 이곳의 군사 시설을 정찰하
고 본국에 올린 보고서 내용에는 그들의 항해 목적이 단지 무역
에만 있었는지를 의심하게 만드는 문구가 있다.

"남오도는 광동 제2의 해군기지입니다. 그 절반은 광동성에
걸쳐있고, 절반은 푸젠성에 있습니다. 이곳은 총병관이나 제독
이 관할하는데 그의 지휘하에 총 5,237명의 군사가 있습니다.
이 중 4,078명은 광동해군 소속이고 1,159명은 푸젠해군 소속

미몽 속의 제국

입니다. 그러나 이들 군대가 실제로 전부 존재하는지는 인명부에 나와 있는 인원을 제외하고는 매우 의심스럽습니다. 이 기지의 방어시설은 제가 보기에는 모두 7, 8척의 함정이 있습니다. 이들은 외관상으로 보기에는 소형 상선류에 속합니다. 여러 측면에서 봤을 때 우리가 광저우에서 본 전함들과는 차이가 매우 큽니다. 해안의 만 입구에는 두 개의 포대(platform)가 있습니다. 상대적으로 높은 곳의 포대에는 여덟 문의 대포가 있고, 낮은 곳의 포대에는 여섯 문이 있습니다. 만의 내부에 별도로 소형 포대가 하나 있긴 한데 포가 놓여 있지는 않았습니다."[27]

4월 2일, 이들은 당시 서양인들이 Amoy라 부르던 샤먼(厦门)에 도달했다. 샤먼의 관리는 즉각적으로 "천조[28]의 법령은 외국 상선이 이곳에서 무역하는 걸 허락하지 않으며 …… 중략 …… 이곳 주민들과의 접촉도 불허한다."라는 금령을 전달했다. 동시에 현지 상행들이 에머스트호와 무역하는 걸 허락하지 않았다. 샤먼의 제독 천화청은 헤밀튼과 만났을 때 "당신들이 여기에 정박하는 것은 위법 행위오! ………… 즉각적으로 출항한다고 하면 당국은 음식과 물을 제공할 것이오."라며 즉각 출항할 것을 고지하였다.

---

27) Report of proceeding on voyage to China : Hugh Hamilton Lindsay 1833
28) 속국이 중국을 높여서 부르거나, 신하가 중앙 조정을 높여서 부를 때 '천조(天朝)'라 하였다.

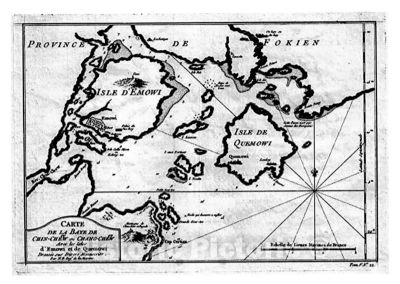

서양인들이 만든 샤먼 일대의 지도

그러나 헤밀튼은 이를 듣지 않고 집요하게 영국의 자유무역 관례를 고집했다. 그들은 샤먼 당국의 금령을 무시하고 서로 나눠져서 계속 강을 거슬러 올라가 항해를 하면서 탐사하였다. 헤밀튼은 샤먼에 대해 이렇게 기록했다. "이곳은 특산물은 없으나 지리적으로 특수하다. 사람들은 바다로 나가 상업하는 데 능했고 그래서 중국의 가장 번화한 도시 중 하나이다. 샤먼항의 장점은 상선이 바로 배를 대고 물건을 싣고 내릴 수 있다는 것뿐 아니라 방대한 군함의 정박에 적합하다는 것이다."

다음은 중국의 차 산지로서 영국 동인도회사의 주요 탐사 지점의 하나인 푸저우(福州)였다. 특히 이들은 푸저우에서 차를 구매해서 운반해 올 수 있느냐를 타진하고자 했다. 그 유명한 무이홍차(武夷红茶, 푸젠성 무이산의 특산품)는 영국인들이 가장 애호하는 물품이었다. 만약 여기서 직접 홍차를 구매해서 영국으로 운반해 간다면 광저우를 거치는 것에 비해 얼마나 많은 이윤을 남기고 비용이 절감되겠는가? 헤밀튼은 '에머스트호'가 푸젠성 해군의 감시를 받긴 하지만 이들은 과도한 간섭을 하려 하지 않는다는 걸 눈치챘다. 에머스트호에는 현지 주민들이 몰래 들어와서 치료를 받거나 장사를 하고 갔고, 영국인들은 뭍으로 나와 정찰 활동을 하였다. 푸저우 관원은 그들이 당장 간다면 죄를 묻지 않겠다고 했지만 헤밀튼은 듣지 않고 버텼다. 결국 푸저우 당국은 헤밀튼에게 약간의 물품을 파는 것을 허락하고 빨리 떠나도록 했다.

헤밀튼의 차 구매는 푸저우 당국에 의해 거절되었다. 그러나 현지 상인들은 무역을 원했고 심지어는 몰래 들어와 차를 팔고 아편을 사갔다. 어떤 이는 영국인들더러 푸저우의 장군을 찾아가 관세를 낮춰달라 요청해보라고 했고, 자신이 진사(进士)라는 어떤 사람은 푸젠성 내하의 지도를 보여주면서 자신이 과거 시험을 위해 북경에 올라갈 노자를 달라고 하기도 했다[29]. 헤밀튼은 그에게 원조를 했는데 이 사람이 후에 '영국 배들을 막는 데 전력을 다하지 않았다는 죄로 목이 날아간' 푸젠성 안보 좌영도사(闽安左营都司) 천셴셩(陈显生)이다. 이 모든 것들이 헤밀튼으로 하여금 푸저우 무역의 미래에 대해 낙관으로 가득 차게

---

29) 진사(进士)는 명청 시대 과거 시험의 가장 마지막 단계를 패스했을 때 얻어지는 타이틀로서 진사가 되면 중앙관리로 임관하므로 더 이상의 과거 시험이 필요 없다. 아마도 '진사가 되려고 한다'는 말을 헤밀튼이 잘못 이해했을 걸로 보인다.

했다.

다음으론 닝보였다. 용강(甬江) 항구 밖에 다다르자 헤밀튼은 그날 밤에 공문을 써서 닝보지부30)에게 전달했다. 닝보와 통상을 요구하는 내용이었다. 닝보 당국은 건륭제의 "무역항구는 광저우로 지정한다"라는 금령과 함께 제임스 플린트의 선례를 들며 입항을 불허하는 회신을 하였다. 헤밀튼이 물러서지 않고 계속 통상을 요구하자 이번에는 "어쨌든 우리 황제의 뜻을 너희 영국에 알려야 한다. 너희 왕국은 자국의 상인들에게 통지하여 일체 엄중히 지키도록 하라. 뜻을 받들지 않는 것은 절대 있을 수 없는 일이니 ……… 피차에 자기의 주장을 내세워서는 안 된다."라는 회신이 왔다. 이미 이들을 내쫓으라는 상부의 지시가 내려온 상태였기에 저장성 제독 따이슝(戴雄)과 쩌우산(舟山)의 총병 위부윈(余步云)은 함정을 모아서 이들을 저지하였다. 그러나 에머스트호는 여전히 어깨에 힘을 주면서 용강으로 진입했다. 귀즐라프가 정말로 놀랍다고 생각한 것은 중국 해군 함정들이 상선 하나를 저지하지 못했다는 것이다. 이는 정말 이상한 일이었다.

엎어진 김에 쉬어 간다고 헤밀튼은 아예 닝보에 대해 면밀한 조사를 했고 이곳이 매우 훌륭한 생사(raw silk)의 수출항이라는 결론을 내렸다. 쩐하이(镇海) 포대는 그들이 여태껏 중국에서 본 포대 중 가장 컸다. 그렇지만 다른 포대와 마찬가지로 오래되었고, 수리하지 않아 포대만 있었을 뿐 포를 배치하지 않았

---

30) 지부(知府)란 오늘날의 시장에 해당

다. 아무도 관리하지 않았고 그저 장식품에 불과했다. 헤밀튼은 원래 닝보에서 물건을 좀 팔아보려 했으나 당국의 감시가 너무 심해서 포기하고 그들은 다시 북상하였다.

"상하이(上海)"에 진입하다

아편전쟁을 전후하여 완전히 운명이 뒤바뀐 도시를 꼽으라면 단연 '상하이(上海)'이다. 그전까지 상하이는 중국 정부의 주목을 받지 못했을 뿐더러 사료에 그 이름이 거의 등장하지도 않았다. 그러나 그렇다고 상하이가 역사 내내 어촌 상태로 있었던 건 아니다. 남송 시대에는 시박사(市舶司, 당송 시대에 무역을 관장하고 관세를 거두었던 관청) 분소가 설치된 주요 무역도시였고, 이

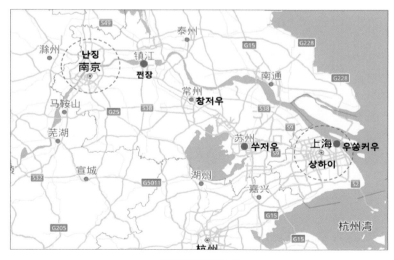

장강 삼각주 일대

곳에서 출발한 상선은 고려와 일본에까지 갔다. 그러나 명·청 시기를 거치면서 점점 잊혀졌고 그야말로 아무도 주목하지 않는 어촌으로 전락했다.

1832년 6월 20일(양)에 "에머스트호"는 상하이에 도착했다. 영국인들은 광저우, 샤먼, 푸저우, 닝보에 대해서는 비교적 일찍 어느 정도 알고 있었으나 상하이에 대해서는 거의 아무것도 모르고 있었다. 헤밀튼 역시 상하이에 대해서는 그저 몇 마디 들은 게 다였을 뿐이었다. 그러나 그는 상하이를 직접 눈으로 보고는 이 발견에 대해 경탄을 금할 수 없었다.

유럽의 배들은 상하이에 와본 적이 없었기에 이들은 장강과 황포강의 수심에 대해 아주 자세히 측량하였고, 한번은 총밍현(崇明县)까지 도달하였다. 헤밀튼은 잠시 총밍현을 가보고는 매우 호감을 가졌다. 그곳은 생산품이 풍부하고 강 길이 종횡으로 나 있었으며 사람들은 생기가 왕성하고 얼굴이 불그레한 게 혈색이 좋아 보였다. 헤밀튼은 그의 보고서에서 "상하이의 토양과 모습이 마치 네덜란드(Holland)를 연상시킨다."고 했다.

"이곳의 순박한 사람들은 유럽인을 처음 본 것 같으며 우리가 그 어디서 봤던 것보다 우호적이었다. 또한, 정부 관원들이 현장에 없어서 사람들은 자연스럽게 우호적인 태도를 보여주었는데 우리는 어떠한 제지도 받지 않았다."

그들은 이들 '코가 높고 눈이 파란' 유럽인들이 살구를 좋아하는 것을 보고 잠시 의아해하더니 그들에게 팔았다. 이렇게 쌍방은 금세 친해졌다. 어떤 이는 현지의 생선과 채소를 주면서 다음에 또 오라고 했다.

사실, 상하이는 일찌감치 상부의 통지를 받았었다. 에머스트호가 중국 연해에서 활동 중이라는 소식이 경성에 전해지자 도광제는 신경이 곤두섰고, 장쑤성(강소성)의 제독과 순무에게 경계를 엄하게 할 것을 수차례 명했다. 헤밀튼 린지가 상하이에 상륙하기 이틀 전인 1832년 6월 18일, 상하이 도대(도의 행정장관) 우치타이(吳其泰)는 방을 붙여 주민들에게 외국인들과 장사하는 것을 불허한다고 통고하였다. 또한 각 지방 관아에 외국인들을 보면 쫓아낼 것을 지시하였다. 그러나 신기하게도 에머스트호는 그 어떤 제지도 받지 않고 우쏭커우(吳淞口, 황푸강과 장강이 만나는 곳)까지 갔다. 그리고 풍랑을 피한다는 구실로 가지 않고 우쏭커우에서 버티고 있다가 다음날 청의 해안 수비군이 한눈을 파는 틈을 타 황포강을 거슬러 올라가 상하이에 진입하였다. 헤밀튼 린지는 자신의 보고서에 이렇게 적었다.

"6월 20일에 우리는 강(장강) 어귀에서 몇 마일 떨어진 곳에 도착했다. 나는 여기서 (저들의) 배를 기다리느라 시간을 허비하지 않고 곧바로 성 안으로 들어가서 내가 친히 진정서를 제출하기로 결정했다. 그러나 나는 그리 큰 희망을 걸고 있지 않았다."

이들은 상하이를 가로지르는 황포강 강안에다 배를 정박시킨 후 상륙하여 거리를 아무 저지 없이 걸어다녔다. 신기한 서양인들을 보러 몰려든 사람들이 일행을 둘러쌌고 헤밀튼이 길을 물자 이들 중 한 명이 길을 인도했다. 이들이 도대의 관저에 도착했을 때는 공교롭게도 도대가 서양인들이 상륙했다는 소식을 듣고 부랴부랴 현장으로 출동하고 없었다. 길이 엇갈린 것이다. 조금 기다리자 도대가 돌아왔고 헤밀튼은 수쏭태도(苏松太道, 오늘날 상하이와 쑤저우를 합한 청대의 행정구역)의 도대(道台) 우치타이(吳其泰)에게 통상을 요구하는 서한을 제출하였다.

"영국의 선장 '호하미(胡夏米, Hamilton Lindsay의 중국이름)'는 수, 쏭, 태 지역의 도대(道台) 각하께 아래의 요청을 상부에 보고해 줄 것을 정중히 청원합니다.

(예전에) 무역을 희망하는 한 영국 배가 도착하여 항구에 들어왔습니다. 그 배에는 의류, 캐멀렛(가벼운 고급 모직의 일종), 캘리코(옥양목) 그리고 여러 가지 물건들이 있었습니다. 이전 시대에는 중국과 대영 제국과의 상업 교류가 적었고 중요치 않았습니다. 그러나 지난 50년 동안 이는 열 배로 늘었고 이로 인해 두 나라는 커다란 혜택을 보았습니다. 그전에 단지 8척 또는 10척의 소형 배들이 왔던 것에서 지금은 60에서 80척의 대형 배들이 중국으로 오고 있습니다. 이들은 우리 나라의 생산품을 싣고 와서 팔고 그 대신 3천만 근 이상의 차를 구매해 갔습니다. 이밖에도 실크와 중국 제국의 다른 생산품들을 구매해 간 것이 수백만 달러에 이릅니다.

귀국의 배들은, 이들 중 일부는 상하이현 소속입니다, 매년 빈번하게 대영제국의 관할하에 있는 항구들(the ports subject to Great Britain, 여기서는 광저우를 말함)에 들어와서 막대한 이익을 취해갑니다. 우리나라의 상인들 입장에서 이를 보고 있자면 이익과 어드벤티지는 상호적이어야 한다는 생각이 자연히 들며, 그러므로 (우리는) 중국 북부 항구와의 무역을 통해 얻어질 수 있는 이익에 참여하기를 간절히 회망하고 있습니다. 만약 당신들 (상하이)의 상인들이 영국의 상품을 우리한테서 직접 구매하고, 우리 또한 이 영광스러운 지방의 실크와 차를 받는다면 쌍방은 상호 간의 이득을 거둘 수 있을 것이고 산업은 부흥할 것이며 제국의 관세 수입은 많이 늘어날 것입니다. 이는 또한 두 나라 간의 우호적인 교류를 증진시키고 결과적으로 상호 간의 이익을 극대화시키는 매우 중요한 일입니다.

그러므로 저는 지금 정중히 저희의 요구사항이 담긴 청원서를 각하께 드리오니 상부에 전달해주시기를 부탁드립니다. 그렇다면 이 영광스러운 지방과 나의 국가 간에 무역이 발생할 수 있을 것이고, 비록 처음은 적을지라도 빠른 속도로 거대해질 것이며, 위대하고 중요한 이득을 획득하는 길을 열어줄 것입니다."

— 도광 12년 음력 5월 12일

Hamilton Lindsay

바로 다음날, 우치타이는 애머스트호에 "중국의 법을 어겼고 상해에서는 무역을 할 수 없으니 돌아가라"는 포고령을 보냈다. 그러나 린지는 이에 굴복하지 않고 같은 날 다시 청원서를 양강 총독에게 전달해 달라는 편지를 보냈다.

헤밀튼 일행이 상하이에 상륙하여 도대를 만난 지 13일 후인 1832년 7월 3일 장쑤성 순무로 발령받은 린쩌쉬가 장쑤성 쩐장

(镇江)[31]에 도착하였고 거기서 "에머스트호" 소식을 처음 보고받았다. 양강총독 타오슈(陶澍)와 린쩌쉬는 쩐장에서 만나 이 일에 대해 논의했고 두 사람은 의견이 같았다. 7월 5일에 부임지인 쑤저우(苏州)에 도착한 린쩌쉬는 즉시 쑤송도(苏松道) 총병과 강남제독[32]을 대행하고 있는 꽌톈페이(关天培) 등에게 헤밀튼의 배를 국경 밖으로 쫓아낼 것을 지시하였다.

헤밀튼 린지의 에머스트호는 7월 8일에 상하이를 떴다. 청 정부는 양강 총독 타오슈(陶澍)와 장쑤순무 린쩌쉬(林则徐)에게 특명을 내려 에머스트호에 대해 추적조사를 하도록 했다. 타오슈와 린쩌쉬는 조정에 헤밀튼의 그간 활동에 대해 보고하면서 이후에 또 이들이 자신의 관할 지역에 정박하면 바로 배를 수색하여 아편이 나오면 보는 앞에서 소각하겠다고 했다. 그러자 도광제는 오히려 "문제를 만들지 말라. 도발을 일으킬 수 있다. ……… 오랑캐들을 어루만져서 옛 규칙을 준수하도록 하라"라고 지시했다. 그러다 또 뒤이어 타오슈와 린쩌쉬에게 교칙을 내려 "엄중히 경고하라"라고 하는 등 일관성 없는 모습을 보였다.
　그 후 에머스트호는 다시 북상하여 산동 해안에서 출몰하였고 거기서 동쪽으로 기수를 돌려 조선으로 갔다. 이들은 먼저

---

31) 난징시에서 동쪽으로 30㎞ 지점에 위치한 장강 연안의 도시이다. 장쑤성 순무의 부임지인 쑤저우와 167㎞ 떨어져 있고, 에머스트호 사건의 현장인 상하이와는 약 250㎞ 떨어져 있다.
32) 오늘날 한국군 편제로 이해하자면 강남제독은 장쑤성 남부를 총 지휘하는 사단장, 총병은 연대장 정도로 이해하면 될 듯하다.

함경도 근해에 잠시 정박하였다가 다시 해안을 따라 남하하여 1832년 7월 25일(양)에 충남 고대도에 도착했다. 고대도에 도착한 이들은 조선 국왕에게 보내는 통상 요청서와 선물을 전달했으나 조선측은 "변방의 처지로서 다른 나라와 사사로이 교린할 수 없다"며 이들의 통상 요구를 거절하고 선물을 돌려주었다. 한반도 역사가 유럽으로부터 받은 최초의 통상 제안은 그렇게 허무하게 끝이났다. 그 후 에머스트호는 류큐(오키나와)를 거쳐 마카오로 회항했다.

당시 영국인들이, 영국의 동인도회사가 왜 이리도 동부 항구에 집착을 했는지, 이들은 중국과의 무역을 어떻게 느끼고 있었는지를 이해함에 있어서 상하이에 대한 헤밀튼의 보고서를 그대로 보는 것만큼 좋은 방법은 없을 듯하다.

"상하이의 거대 시장이 유럽인들의 눈에 들어온 게 처음이었기 때문에 이에 대해 몇 마디 언급을 하지 않을 수 없다. 대외무역에 있어서 이곳이 가지고 있는 특별한 이점을 고려할 때 여태껏 많은 주목을 끌지 않았던 건 이상한 일이다. 이곳이 중요한 이유 중 하나는 이곳의 훌륭한 항구와 항해 가능한 강에 있다. 상하이는 양쯔강이 바다와 만나는 항구이며 무역량이 광저우를 능가하는 동아시아의 주요 항구가 될 것이다. 우리가 처음 왔을 때부터 나는 방대한 양의 정크선들이 강을 오고가는 것에 놀랐다. 그래서 나는 며칠 동안 세어보았다. 7일 동안에 상류로 향하는 배들이 400척이었다. 이들은 100에서 400톤 사이로 다양했고 우쑹을 지나 상하이로 갔다. 우리가 머무는 초반에는 대부분 배는 4개의 돛대가 달린 북부 지방의 정크선이었다. 이들은 톈진, 만주 지역에서 밀, 콩을 싣고 왔다. 그러나 우리가 머무는 후반에는 남부 지방 정크선이 하루에 30에서 40척씩 쏟아져 들어오기 시작했다. 이들은 대만, 광저우, 동아시아 군도, 코친 차이나(베트남)와 샴(태국)에서 온 배들이었다.

········ 외국 배들이, 특히 영국 배들이 이곳(장강)을 자유롭게 항해함으로써 얻게 될 이득은 이루 헤아릴 수 없을 것이다. 모직물 제조업체들은 광동을 통한 내륙 운송만 허가되어 있다. 운송에 수반되는 각종 세금과 비용은 내륙의 광대한 인구로의 접근성을 떨어뜨린다. 이곳은 기후가 춥기 때문에 같은 물건이 그들에게 소개된다면 상대적으로 따뜻한 광동보다 더 좋은 값을 받을 수 있을 것이다.

중국의 인구에 비해서 현재의 모직물 소비가 얼마나 하찮은 것이냐를 이야기하자면 이렇다. 예를 들면 주요 상품인 브로드클로즈(폭이 넓은 옷감)의 경우 3억6천만 명의 인구에게 고작 80만 야드가 팔리고 있는데 이는 인구 450명당 1야드도 주어지지 않는 것이다. 이것은 대략적이고 이론적인 상상이지만, 더 많은 자유가 주어지고 교류가 확장되면 소비는 네 배로 증가하거나 또는 열 배로 증가할 수도 있지 않을까? 또는 유럽의 국가들이 자국의 제조업을 독려하고 수입 관세를 부과하여 그들의 시장에서 영국이 만든 제품을 배제하기 위해 신경을 곤두세우고 있을 때, 우리가 여태껏 거의 알려져 있지 않은 지구의 일부로 눈을 돌려 우리 영국 제조업체들의 새로운 방출구(outlet)를 찾

미몽 속의 제국

는 것을 기대하는 것이 비이성적일까? 여기에 유럽의 인구보다 2배나 더 많고 해안선이 3,000마일이 넘으며 훌륭한 강과 항구들이 넘쳐 나는 세상이 있다. 이들 항구와 도시들은 산업과 기업, 부유하고 상업적인 인구로 가득 차 있고. ………

……… 그러나 허락이 된다면 나는 우리가 더 많은 상호 이해를 획득하고, 외국인에 대한 대중의 우호적인 분위기가 조성된다면 이러한 이기적이고 해로운 원칙들이 거둬질 수도 있을 거라는 희망을, 중국인들이 더 자유롭고 계몽된 정부 시스템하에서 세계의 문명화된 나라들 사이에서 인정받는 그런 곳을 꿈꾸는 그런 날이 곧 올 거라는 희망을 표명하고 싶다.

상하이에서의 거래에 대한 결론이 났으므로 우리는 8일에 강을 떠났다. ……… 이 항해의 주 목적은 전반적인 정보를 획득하는 것이었는데 나는 두 가지 만족스러운 결론을 내렸다고 생각한다. 하나는 현지 중국인들은 대체적으로 외국인과 더 확장된 교류를 바라고 있다는 것이다. 둘째로는 지방 정부는 그러한 바람에 반대하고 있지만 그들은 금령을 강제할 만한 힘이 부족하다는 것이다.

……… 강을 빠져나갈 때 몇 척의 정크 전함이 우리의 뒤를 따라오면서 총을 몇 발 쏴대고는 '양이를 쫓아냈다는 승리의 세리머니'를 했다. 우리가 6마일 정도 거리에 있자 이들은 돌아갔다. 7월 9일에 우리는 바다 저편에 서 있었고 14일이 되서야 곶을 보게 되었다. 다음날 웨이하이에 닻을 내렸다."

다시 이 장의 첫머리에서 언급했던 '에머스트호의 진짜 미션이 뭐였냐'의 문제로 돌아와 보자. 이들은 탐사와 정찰을 했고, 절실하게 북부 항구와의 통상을 요구했으며 한편으로는 개신교 선교사를 탑승시켜 기독교 선전물을 돌리기도 했다. 그래서 이들을 '탐사단' 혹은 '통상단'이라고 한마디로 규정짓는 것은 어려울 듯하다. 그러나 Immanual C. Y. Hsü(徐中約)[33] 교수가 『The secret misson of Lord Amherst on the China coast 1832』의 서문에서 밝힌 말은 의미심장하다. "(에머스트호의) 직접적인 조사와 경험의 결과는 첫째, 메카트니 사절단과 윌리엄 에머스트 사절단의 실패 이후 팽배해졌던 '무력의 개입이 없이는 영국이 중국의 북부 항구로 무역을 확장하는 것이 불가능할 것'이라는 의견을 강화시켰다는 것과 둘째는 전쟁을 쉽게 이길 수 있을 것이라는 새로운 확신을 형성시켰다는 것이다."

---

[33] Immanuel Chung-Yueh Hsü(1923~2005). 중국 외교사의 권위자이다. 1946년에 미영 기독교계 대학인 연경대학을 졸업한 후 미국으로 건너갔고 사망할 때까지 미국에서 살았다. 켈리포니아 주립대학 산타바바라 분교 역사학과 주임교수, 명예교수 등을 역임하였다.

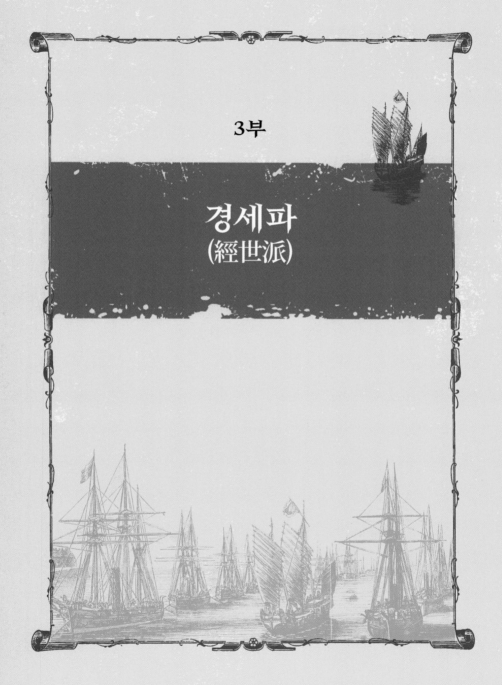

3부

경세파
(經世派)

8장

린쩌쉬(林则徐)

많은 사람이 린쩌쉬(林则徐, 임칙서)에 대해 심각한 오해를 하고 있다. 사람들의 머릿속에 그는 중화주의에 빠져 대외개방을 거부했던 보호무역주의의 대변인과 같은 존재였고, 아편에 대한 일방적이고 과격한 단속으로 영국과의 전쟁을 유발시킨 국수주의적 관료로 인식되어 왔다.

린쩌쉬(林则徐)가 십 대를 보냈던 당시 중국은?

린쩌쉬가 태어났던 1785년은 건륭 50년, 조선 정조 9년으로, 그는 추사 김정희보다 한 살 많다. 그의 고향은 오늘날의 푸젠성 푸저우시(福建省福州市)로 대만 해협과 접하고 있는 바닷가 도시이다. 그의 집안은 원래 문인 집안이었는데 할아버지 대부터 가세가 기울어 마음대로 배우지 못했고, 그래서 그의 아버지

린삔르(林賓日)는 서른 살이 되어서야 수재(秀才)[34]가 되었다. 린삔르는 더 이상의 과거 시험을 보진 못했지만 나름 동네에서 지식인으로 소문나 작은 서당에서 교편을 잡을 수 있었다. 그러나 아버지의 수입만으로는 충분하지 않았기에 어머니와 누나, 여동생이 자수와 종이 공예를 하며 생계를 이어갔다. 린쩌쉬의 부모는 린쩌쉬에게는 일을 시키지 않고 학업에 전념하도록 하였지만, 그는 등교 시 어머니와 여동생이 만든 것을 점포에 주고 하교 시 수금해 오는 일을 했다고 한다.

린쩌쉬가 십 대를 보냈을 때는 18세기에서 19세기로 넘어가는 시기였다. 이때의 중국은 어땠는가? 청소년기의 린쩌쉬가 접했던 뉴스에는 어떤 것들이 있었을까? 그가 열 살 때인 1795년 12월, 건륭제가 황위를 선양하면서 가경제가 황제로 등극했다. 그러나 가경제의 초기 4년은 실권이 없었다. 무려 61년을 재위했던 강한 황제 건륭제가 아직 살아있었고 모든 것이 그와 그의 사람들에 의해 돌아가고 있었기 때문이다.

가경제 즉위 후 초기 10년, 린쩌쉬가 오봉서원에 입학하여 한창 공부를 하던 이 시기는 어떤 시기였는가? 이 시기는 건륭제 통치하에 가려져 있던 폐단이 드러나는 시기였으며, 청 왕조의

---

34) 명청 시기 과거제는 부(府)에서 보는 부시(府試)에 합격하면 수재(秀才)의 타이틀이 주어졌고, 성 단위로 3년에 한 번 보는 향시에 합격하면 거인(擧人), 그리고 경성에서 치뤄지는 회시(會試)에 합격하면 진사(進士)가 되었다. 거인이 되면 지방 하급관리를 할 수 있었고, 중앙공무원이 되려면 원칙적으로는 진사가 되어야 했다.

미몽 속의 제국

강·옹·건[35] 전성기가 끝나고 국운이 하락세로 들어서던 시기였다. 사회불안을 드러낸 대표적인 사건은 '백련교의 난'과 해적 '채견(蔡牽)의 난'이었다. '백련교의 난'은 1796년(가경 원년)에 쓰촨과 후베이에서 미륵불이 내려와 새로운 세상이 열릴 것이라 믿는 백련교가 중심이 된 농민 봉기였다. 이는 곧 섬서, 깐수, 후베이, 허난 등지로 번졌고 9년 동안이나 지속되다가 1805년에서야 진압되었다. 장기간 지속된 이 농민봉기로 청 팔기군의 부패와 나약함, 정부의 무능이 드러났고, 청 정부는 3년 치 세수에 해당하는 1.2억 량의 돈을 쏟아부어야 했다. 또한 이 시기 동안 수많은 군 지휘관이 전사하면서 청의 군 지휘체계의 약화를 가져왔다.

채견(蔡牽)은 오늘날의 샤먼시(廈门市)와 인접한 푸젠성 동안이라는 곳에서 태어났으나 어려서 부모를 잃고 푸젠성 북부의 어촌 마을에 있는 외할머니 집에서 가난하게 키워졌다. 성인이 되어 고기잡이에 고용되었다가 그마저도 실직하여 배를 곯으며 이곳저곳을 전전긍긍하였다. 그 후 배를 훔쳐서 바다에서 노략질을 하였는데(1794) 그를 따르는 사람이 순식간에 1만 명이 되었다. 이들은 점점 반 정부 봉기 세력이 되었고 저장, 푸젠, 광동 연해를 장악하며 해적질과 출항세를 받아 해상제국을 이루었다. 이들은 1802년에 샤먼의 청 해군 부대를 습격하여 대포 13문을 갈취하였고, 이때부터 청 정부의 진압 대상이 되었다.

·

35) 강희제, 옹정제, 건륭제의 3대 황제가 재위했던 135년(1661~1796)의 청 왕조 전성기를 '강옹건(康雍乾) 성세'라 부르며, 줄여서 '강건성세(康乾盛世)'라 부르기도 한다.

청 정부 군은 채견 세력에게 번번이 당하면서 진압에 애를 먹었고 1809년이 되서야 대규모 전투 끝에 이들을 소탕하였다.

1802년(가경 7년)에 광동성 보뤄현(博罗县)에서 만 명 이상의 농민들이 봉기하였다. 1803년(가경 8년) 윤 2월 20일에는 원명원에서 자금성으로 돌아오는 가경제를 한 평민이 순정문(順贞门)에서 암살을 기도하는 사건이 벌어지는 등 여기저기서 크고 작은 반란과 봉기가 일고 있었다.

왜 중국의 강역을 역사상 최대로 만들었던 건륭제가 죽자마자 기다렸다는 듯이 각지에서 민란이 일었을까? 가경제 시기의 끊이지 않던 전국적인 농민, 어민 봉기는 의심의 여지 없이 '강·옹·건 성세' 뒤에 숨겨진 농민들의 희생, 지주들의 토지 겸병과 정부의 과중한 세금이 주원인이었다. 이들의 반란은 청 정부를 강건성세(康乾盛世)의 미몽에서 깨어나게 하는 분기점이자 청의 쇠락을 예견하는 전조증상이었다.

시선을 지구 반대편으로 돌려보면, 가경제 재위 시기(1796~1820)의 유럽은 거의 모든 나라들이 반나폴레옹 연합전선을 이뤄 프랑스와 싸우던 세계전쟁의 전화(戰火) 속에 있었다. 나폴레옹 전쟁은 유럽의 근대화에 있어서 매우 중요한 사건이었다. 나폴레옹 자신은 비록 야심가이고 독재자였으나, 프랑스의 봉건전제왕조를 무너뜨린 시민혁명과 그로 인해 성립된 공화정에 무력을 부여하고 타국으로부터 시민혁명 가치를 지켜주는 존재로 부상하였다. 그러니 그의 군대에 의해 전 유럽이 침략을 당하는 과정에서 시민혁명 사상과 반봉건주의 사상의 전파는 필연적이었다. 이런 의미에서 나폴레옹 전쟁은 유럽의 진보에 굉장한 약이 되었고, 같은 시기 중국에서 일어난 민란군과의 전투는 중국의 각성과 발전에 아무런 기능을 하지 못한 채 재정만 고갈시켰다.

1815년 워털루 전투로 막을 내린 이 유럽의 세계전쟁은 유럽의 정치적, 사회적 근대화를 이끌었고 무기와 전술의 엄청난 진보를 가져왔다. 무엇보다도 나폴레옹 전쟁이 끝난 후 유럽은 1차 세계대전(1914)이 일어나기 전까지 100년 동안 이렇다 할 대규모 전쟁이 없는 평화와 발전의 시대로 접어든다. 산업혁명의 전파로 인한 유럽의 기술 진보와 사회의 근대화가 급속도로 진행되던 소위 "팍스 브리타니카" 시대가 열린 것이다. 이 시기는 또한 영국을 비롯한 유럽 국가들의 식민 사업이 정점을 찍었던 시기이고 그러한 와중에 미국은 조용히 거대 국가가 되어가고 있었다. 따라서 사회 발전을 거부하고 있던 아시아 국가들은 서구의 먹잇감이 될 수밖에 없었고 이들은 능동적이든 피동적이든 개국이 이루어질 수밖에 없는 운명에 처해 있었다.

애국주의 계몽사상(경세치용)의 요람, 오봉서원

오봉서원(鰲峰书院)은 1707년에 푸젠성 순무가 세운 서원으로 당시 푸젠성의 4대 서원 중 으뜸이었다. 린쩌쉬는 14살에 오봉서원에 입학하여 20살까지 7년간 이곳에서 공부하였다. 오봉서원이 그의 인생에서 왜 중요할까? 그것은 이곳의 학풍이

'경세치용(经世致用)'이었기 때문이다. 당시 애국계몽 인사들의 주요 사상이자 화두였던 경세치용은 '배움이 세상을 경영하는 데 쓸모가 있어야 한다'는 주장이었다. 이들은 과거제가 너무 형식에 치우쳐 사람들이 진짜로 필요한 것을 공부하지 않고, 진짜로 필요한 인재는 선발되지 않는 상황을 비판했다. 이들을 경세파라고도 하는데 조선 후기의 실학파와 비슷하다고 볼 수 있겠다. 그러나 오해하면 안 될 것이 당시의 경세파들이 문호개방이나 과거제 부정 또는 정치체제 변화를 주장할 정도의 급진적 진보사상을 가지고 있었던 건 아니다. 이들 역시 유학자들이었고 전통문화 옹호자들이었다. 이들이 주로 강조했던 것은 부패한 공무원 사회를 개혁하는 것과 형식에 치우친 과거제를 개혁하자는 데에 있었다. 오봉서원에는 원장에서부터 선생님까지 이러한 경세파 교수진들로 포진되어 있었고, 이곳에서의 배움이 린쩌쉬의 가치관과 세계관 형성에 지대한 영향을 미쳤을 거라는 건 의심의 여지가 없다.

오봉서원은 돈 있고 집안이 좋다고 갈 수 있는 곳이 아니었다. 반드시 시험에 합격해야 입학이 가능했다. 그렇지만 13살 때 이미 부시(府试)에 1등으로 합격한 린쩌쉬는 아마 어렵지 않게 오봉서원에 입학할 수 있었을 것이다. 린쩌쉬의 부친 린삔르는 자신이 마음껏 배우지 못했던 것에 한이 맺힌 사람이었고 그래서 아들의 교육에는 팔을 걷어붙이고 나섰다. 린삔르 역시 교편을 잡은 사람으로서 나름 그 지역 지식인들과의 인맥이 있었고 그는 동년배들과 진솔회(真率会)라는 모임을 조직하였다. 이들은 《21개의 사규》를 제정하여 낡은 것에 얽매이는 것을 비판하고 수구와 위선을 반대하였다. 오봉서원의 학생 신분이던 린쩌쉬는 아버지와 함께 종종 진솔회에 참여하였다. 린삔르는 어떤 측면에서 다소 아들 교육에 극성맞은 아버지처럼 보일 수도 있으나 린쩌쉬에게 있어서는 가장 훌륭한 선생님이자 그의 교육에 지대한 영향을 줬던 인물임에는 틀림없다.

오봉서원을 졸업하고 한참 후의 일이긴 하지만 린쩌쉬가 경학의 대가인 천서우치(陳壽祺)와 교류하고 가르침을 받은 건 그가 관리로서의 비전과 사명을 형성하는 데 있어서 매우 중요한 계기였다. 천서우치 역시 경세파 유학자로서 당시의 부패한 관료사회에서 요직으로 가지 못하고 지방의 과거 시험 사정관으로 돌아다니다가 40세에 관직을 버리고 교편을 잡는 일에 전념하였다. 그는 항저우, 쳰저우 등지의 유명 서원에서 교수로 재직하다가 모친이 별세하면서 고향인 푸저우로 왔고, 거상 기간이 끝나는 1822년부터 오봉서원의 교수로 10년 동안 재직했다. 한편 린쩌쉬는 1821년 7월에 부친의 병환을 이유로 지방 관직에서 사표를 내고 이듬해 3월까지 고향에 머물렀는데 이 시기 부친의 소개로 자신보다 14살 선배인 천서우치를 알게 되었다. 짧은 기간이었지만 깨어있는 대가와의 교류는 린쩌쉬에게 많은 영감을 주었다.

1822년 은거 생활을 마치고 복직하기 위해 상경하는 린쩌쉬에게 천서우치는 세 수의 시가 들어있는 편지를 보냈다. 첫 번째 시는 그간 린쩌쉬의 지방관으로서의 업적을 칭찬하는 것이었고, 세 번째 시는 린쩌쉬의 부친 린삔르에 대해 칭찬하는 내용이었다. 두 번째 시가 요점으로서 여기에는 다시 관가로 돌아가는 후배에게 부패한 관료 사회를 개혁하고 도탄에 빠진 민생을 구할 것을 간절히 당부하는 내용이었다. 베이징에 도착한 린쩌쉬는 이에 대한 회신으로 당시 부패한 정치를 지탄함과 함께 자신은 진흙 속에서 피는 연꽃과 같이 더럽혀 지지 않고, 정견 없이 분위기에 휩쓸리지 않을 것이며 자리만 차지하고 월급만 축내는 그런 관리가 되지 않을 것임을 역시 시로써 다짐했다.

장스청(张师诚)의 막부로 들어가다

린쩌쉬는 그의 나이 20세인 1804년에 지방 고시인 향시에 합격하여 거인(举人) 신분이 된다. 거인이 되었다는 건 지방 관리를 할 수 있는 자격이 되었다는 것을 뜻한다. 그런데 그는 거인까지는 순조롭게 잘 가다가 회시(진사 자격 시험)에서 낙방하였고 계속 공부만 할 순 없었던 그는 지방 관청의 자리를 알아본다.

그가 가졌던 최초의 직업은 1806년 샤먼해방동지(厦门海防同知)의 서기가 된 것이었다. 해방동지(海防同知)란 해안 수비군의 급료 지급과 항구의 세금 징수를 위해 둔 시의 고위 관리였고, 서기(书记)는 문서 일을 돕는 보좌관을 말한다. 그러니 그의 첫 직책은 샤먼시 고위 관리의 보좌관이었던 것이다. 그러다가 이 듬해인 1807년 2월에 린쩌쉬는 그의 인생에서 지대한 영향을 미친 한 사람과 인연을 맺게 된다.

성공하였거나 위대한 일을 한 인물을 보면 젊었을 적 그 사람의 재능을 알아보고 끌어준 사람이 꼭 한두 명씩은 있다. 린쩌쉬에게 그러한 인생의 첫 번째 스승이자 은인이 바로 푸젠성 순무 장스청(张师诚)이었다.

장스청은 누구인가? 장스청은 1762년 태생으로 린쩌쉬보다 23살이나 많은 아버지뻘이다. 장스청은 1774년 건륭제의 5차 남순 때 거행된 특별 지방 인재 발탁 시험(召试)에서 1등으로 합격하여 거인의 신분으로 중앙 공무원이 되었다. 그는 내각중서, 군기장경, 리부주사(정6품)를 역임하는 등 중앙 공무원으로서 순탄한 길을 걷는 듯 하였으나 당시 최고 권력자인 화신(和珅)의 눈밖에 나면서 종7품 중서로 강등되었다. "더러운 너희들에게 빌붙지 않고 내 힘으로 다시 시험 보고 들어오겠다!"라고 마음 먹은 그는 1789년에 회시에 응시하여 합격하였다. 진사 신분으로 당당히 한림원에 입성한 그는 그 후 중앙 엘리트 관리의 초급 코스를 밟게 된다. 메카트니 사절단 방문 시 한림원 편수직에 있었으므로 당시 벌어졌던 상황에 대해 비교적 생생하게 알고 있던 사람 중의 한 명이었을 것이다. 가경 원년(1896)부터 지방으로 돌았고 지부, 지주, 안찰사 등 지방 장관을 거쳐 장시성과 푸젠성의 순무를 역임하였다.

장스청이라는 사람에 대해 자세히 알 필요까지는 없을 듯싶다. 다만, 잘 나가는 듯하다가 한때 화신에 의해 강등되었다는 그의 초기 이력은 건륭제 재위 후반의 중국 중앙정계의 상황을 엿볼 수 있는 대목이다. 화신이 누구인가? 건륭제의 총애를 등에 업고 중국 역사상 초유의 부정축재를 한 사람이다. 이 사람의 재산 규모에 대해서는 다양한 설이 있지만 한 가지 일은 그가 얼마나 많은 부정축재를 했는지를 짐작할 수 있게 해준다. 앞서 3장에서 언급했듯이 2001년《아시아 월스트리트 데일리》는 천년간의 전 세계 부호 50인을 선정하였고 거기에는 중국인 6명이 이름을 올렸다. 거기에는 징기스칸, 쿠빌라이칸과 같은 황제도 있었고 우빙젠과 같은 사업가도 있었다. 특이한 것은 그 안에 건륭제 때의 재상 화신이 당당히 그 이름을 올렸다는 것이다.36) 건륭제 이후 청나라가 급속도로 쇠약해진 데에는 화신의 역할도 컸다. 어쨌든 화신에게 찍혀 인사상 불이익을 당했다는 건 그가 최소한 부패하고 용속한 정치인과는 반대쪽에 있었다는 걸 뜻한다.

장스청은 인재를 알아볼 줄 아는 사람이었다. 그가 푸젠성 순무로 부임한 지 얼마 되지 않은 1807년 춘절 즈음, 우연한 기회로 누군가가 쓴 춘절 축전이 그의 눈에 들어왔다. 범상치 않은 문장력이라 생각한 그는 곧바로 그 축전의 원작자를 찾아서 데려올 것을 지시했다. 이렇게 하여 샤먼해방동지의 서기로 있던 린쩌쉬가 그의 앞에 불려갔고 장스청의 테스트를 거쳐 그의 참모로 일하게 되었다. 당시 장스청의 나이는 46살이었고 린쩌쉬는 23살이었다. 성의 최고 통치관의 참모로서 일을 하면서 보고 경험하였던 것은 분명 비슷한 나이의 사람들이 얻기 힘든 소

---

36) 화신은 건륭제가 죽자 그의 뒤를 이은 가경제에 의해 부패와 권력남용 혐의로 체포되었고 그의 재산은 전부 몰수당했다.

중한 경험이었을 것이다. 시야가 넓어지고 공력이 가장 크게 성장하는 시기는 높은 사람 곁에서 중요한 일들을 보좌할 때이다. 인생에 있어서 이런 기회가 자주 오진 않는데 린쩌쉬에게 있어서 장스청의 참모로 있던 이 시기가 엄청난 영향을 주었으리라는 건 의심의 여지가 없다.

장스청은 린쩌쉬의 학업과 가정 경제에도 지원을 아끼지 않았다. 장스청의 막부에서 일을 하면서도 린쩌쉬는 두 번이나 진사 시험에 응시하였는데 이때마다 장스청은 그가 시험을 보기 위해 직을 그만두는 것을 흔쾌히 허락하였을 뿐 아니라 노잣돈까지 쥐여 보냈다. 그리고 낙방하여 실업자가 된 그를 다시 받아주었다. 그뿐 아니라 린쩌쉬의 집이 경제적으로 어려웠을 때 생활비를 보태주었으며 린쩌쉬의 부친 린삔르를 락정학서원(乐正学书院)의 주관(교장)으로 천거하기도 했다. 오늘날 중국인들은 장스청이 린쩌쉬를 자신의 막부로 영입한 것을 두고 춘추전국시대의 고사인 '백락이 천리마를 알아본 것(伯乐识千里马)'에 비유한다.

1809년 7월에서 9월 사이 짱스청은 해적 채견(蔡牵)에 대한 소탕 작전을 지휘했는데 이 작전에 린쩌쉬도 동행했다(채견의 해상세력은 이해에 청 해군과의 대규모 전투에서 패해 진압되었고 채견과 그의 가족은 침몰하는 배에서 생을 마감하였다). 이때 장스청의 기획서, 공문서, 포고문은 모두 린쩌쉬의 손에 의해 작성되었다. 채견 토벌 전투가 끝난 후 장스청은 "이번 전투에서 나는 임칙서의 공로를 친히 보았다. 그가 해적들의 동태를 먼저 살피고 격문을 날려 전투를 독려하지 않았더라면 이렇게 신속하게 진압되지 않았을 수도 있다."라고 하면서 린쩌쉬의 공로를 치하하였다.

베이징에서 만난 계몽 인사들

린쩌쉬는 1811년 회시에 응시하기 위해 장스청의 막부를 떠나 베이징으로 갔다. 그리고 그해 4월과 6월 회시, 전시에 합격하여 진사가 된다. 그의 나이 27살이었다. 명청 시기에는 진사 합격자 중 상위 등수에 드는 사람들은 한림원에 보내져 서길사라는 수습직원이 되었다. 그는 1813년 5월부터 한림원 서길사로 일했고 3년 후에 한림원의 말단 정직원인 편수가 되었다. 그는 1813년에서 1820년까지 7년 동안 한림원에 재직했는데 이것이 그의 경력에서 유일하게 중앙관직을 맡은 시기였다. 그 후로는 전부 지방관으로 돌았다.

린쩌쉬는 베이징에 있을 때 네 식구를 먹여 살리기 위해 아르바이트를 했다. 초급 관리의 봉급으로 베이징의 집세와 물가를 감당하기가 쉽지 않았기 때문이다. 그래서 그는 여가 시간에 서당에서 글을 가르치거나 남의 집 문서 업무를 대행해주고 돈을 받는 등의 일을 하며 생활비를 충당했다. 오늘날에도 중국인들은 "권(權)은 전(錢)보다 강하다"라는 말을 가끔 한다. 이는 '권력이 있으면 돈은 알아서 들어온다'는 말로서 관료주의 사회에서는 예나 지금이나 관리가 되면 사실 먹고사는 건 문제될 게 없었다. 불과 얼마 전까지만 해도 중국의 진짜 부자들은 대부분이

고위 공무원들이었다. 린쩌쉬가 아무리 하급관리였지만 중앙 핵심부서 아니었던가? 마음만 먹었으면 먹고사는 문제를 걱정하지 않아도 되었을 것이다. 사업의 미래를 위해 한림원 편수라는 엘리트 예비 정치인에게 기꺼이 투자하고자 하는 상인들은 언제나 있었기 때문이다. 하지만 린쩌쉬는 그런 방법을 택하지 않았다.

그가 베이징에 거주했던 시기에 사귄 사람 중에 리우펑루(刘 逢祿, 유봉록)라는 사람이 있었다. 리우펑루는 린쩌쉬보다 나이는 9살이나 많았지만, 그보다 1년 후에 진사가 되었고 그래서 한림원 기수로 1년 후배이다. 리우펑루는 금문경학(今文经学)의 제창자이자 경세치용 사상의 선구자였다. 후에 소개되는 공즈쩐, 웨이위엔의 스승이며, 청 후기 계몽주의 사상가와 청 말의 개혁파에 지대한 영향을 준 인물이다. 린쩌쉬는 3년간의 서길사를 마친 후 한림원의 편수가 되었지만, 리우펑루는 한림원 서길사를 마친 후 예부(礼部)의 주사라는 직책으로 배치되었다. 한림원은 황제의 비서실 겸 자문단이었고, 예부는 오늘날의 교육부와 외교부를 합친 것과 같은 중앙부처였다.

1816년 8월 하순 어느 날.

"형님, 들자하니 영길리(英吉利, 잉글랜드) 배가 천진에 와 있다지요?"

리우펑루가 놀라며 들고 있던 찻잔을 내려놓으며 말했다.

"원무(元抚)[37], 자넨 역시 정보가 빠르군. 아직은 예부의 기밀인데…… 자네한테만 말하지만 사실 운하를 따라 이미 퉁저우에까지 와 있다네."

"양이들이 무슨 일로 경성을 찾아온 겁니까? 교역은 광저우에서 하는데."

"자네 계축년[38]의 일에 대해 아나?"

"영길리 사절단이 열하에 간 일을 말씀하시는 건가요?"

"그렇지."

"그 일에 대해선 장 순무 어른(장스청)으로부터 조금 들은 바가 있습니다. 당시 장 어른께서 한림원 편수로 계셔서 이들에 대한 황제의 조서 작성에 관여했다고 합니다. 영길리 왕의 특사가 무례를 범했고 이들 때문에 선황께서 매우 노하셨다고 들었습니다."

"그렇지. 당시 황상의 심기를 아주 불편하게 만든 게 있었지."

"삼궤구고(三跪九叩)를 말씀하시나요?"

"맞네, 당시 그들이 건륭황제 앞에서 두 무릎을 못 꿇겠다고 하는 바람에 예부에서 아주 애를 먹었다더군. 결국 환영식 때는 그들 왕에게 하듯이 한쪽 무릎만 꿇고, 만수절[39] 행사 때는 두 무릎을 꿇는 걸로 절충을 봤다지."

"글쎄요……. 근데 저는 계축년의 일이 조금 석연치 않은 것 같습니다."

---

37) 린쩌쉬의 자(字)
38) 건륭 58년, 즉, 메카트니가 왔던 1793년을 말한다.
39) 황제의 생일

"뭘 말인가?"

"과연 건륭 황제께서 두 무릎을 꿇느니 한쪽 무릎을 꿇느니 때문에 화가 나셨겠나 싶습니다. 그게 다였겠습니까?"

"음……. 나도 그렇게까진 생각 안 해봤는데 역시 자네의 생각은 신선하군. 그럼 원무 자네 생각에 계축년의 사절단 일을 망친 건 무엇이라 생각하나?"

"저도 자세한 정황을 몰라서 뭐라 말하기가 조심스러운데, 문제를 삼궤구고로만 몰고가는 건 본질을 가리는 걸 수도 있다는 생각이 듭니다. 뭔가 양측 간에 오해가 있었다던가……. 어쩌면 당시 황상을 보좌하던 화신과 같은 대신들에게 더 큰 책임이 있을 수도 있습니다."

"자네 말을 듣고 보니 충분히 그럴 수도 있겠군. 그렇지만 이런 말은 다른 데서는 하지 말게나."

"형님이니까 그냥 해 본 말이죠."

"그런데 듣자 하니 이번에도 역시 삼궤구고를 안 하겠다고 하는 모양이더군. 지금 통저우에 예부상서 대감과 이번원상서(理藩院尚书)[40] 대감께서 가서 협상 중인데 어찌될 지 모르겠네."

"저들은 엎드려서 절을 한다는 게 자기 나라의 위엄을 떨어뜨린다고 생각하는 것 같습니다. 그렇지 않고서야 이 먼 곳까지 와서 그냥 가는 걸 감수하겠습니까?"

"저들 말에 따르면 영길리는 중국의 속국이 아니므로 속국의

---

40) 이번원이란 청나라 때 몽고족 지구, 회족 지구, 서장(티벳) 지구의 사무를 담당하는 부서였음.

예를 취할 수 없다는 걸세."

"속국의 예라……. 저들이 인도를 속국으로 둔 것을 보면 영길리란 나라가 생각보다 대국일 수도 있습니다. 그러니 영 이해 못 할 일만은 아닙니다, 그런데 이번에 이들이 온 목적은 무엇이라 합니까?"

"그건 나도 모르겠네. 아마 계축년과 비슷하지 않을까. 당시 이들이 항구를 더 개방해 달라고 청원했다고 하거든. 물론 황상께서 일언지하에 거부하셨지만."

"항구만 늘린다고 무역이 늘어나겠습니까? 제가 듣기로 저들의 물건은 우리한테도 다 있는 것들이라 합니다. 그리고 요 근래 아편을 피우는 사람들이 점점 많아지는데 무역항을 늘리면 아편이 더 많이 들어오지 않겠습니까?"

"나도 그렇게 생각하네."

당시는 아편 소비가 급속도로 늘기 시작하던 시기였고 린쩌쉬는 아편이 더 이상 약용의 단계를 넘어서 백성의 건강을 해치고 있으니 이제는 수입을 금지해야 한다고 주장하였다.

"그런데 영길리란 나라는 정확히 어디에 있습니까?"

"구라파에 있는 섬나라라고 들었네만 나도 정확히는 모르겠네. 우리는 양이들에 대해 모르는 게 너무 많아. 지금 조정 관원들은 양이들 정황에 대해 건륭년 때보다도 어두운 것 같네. 알고 싶어 하질 않지. 자네는 한림원에 있으니 옛 문서들에 접근 권한이 있지 않나. 만력제 때 서양 선교사[41]가 지도를 만들었다

---

41) 이탈리아의 선교사 마테오리치를 말함. 명나라 후기에 중국에 와서 명 정부로부터

고 하는데 명조(明朝) 때 만들어진 게 지금도 남아 있으려나……
그 지도를 볼 수 있으면 좋으련만…….”

　1819년 어느날 리우펑루는 린쩌쉬에게 자신의 제자라며 공
즈쩐(龔自珍)과 웨이위엔(魏源)이라는 청년을 소개해주었다. 당
시 28살의 공즈쩐은 향시에 합격한 상태였고 회시에 응시하러
베이징에 와 있던 중이었다. 그 후 리우펑루는 린쩌쉬와 차를
마시거나 식사 약속을 할 때 이따금 공즈쩐을 합석시켰는데 얼
마 후 린쩌쉬는 그가 보통 사람과는 다르다는 걸 느꼈다. 공즈
쩐의 천재적인 문장력에 감탄을 금치 못하였지만, 한편으론 그
의 급진적인 생각에 크게 놀라기도 했다.

　26살의 웨이위엔과는 별로 교류가 없었다. 나이 차이도 9살
이나 났고, 한림원 관리와 아직 수재 밖에 않된 공무원 취준생
이 서로 친구가 되기에는 거리가 너무 멀었기 때문이다. 그 후
린쩌쉬가 지방 발령이 나면서 그의 존재는 잊혀졌고 이렇게 이
둘은 그저 스쳐 지나가는 인연이 되는 듯 싶었다. 그러나 후에
그와 진짜 깊은 인연을 맺은 건 웨이위엔(魏源)이었다.

　카톨릭 전도를 허가 받았다. 명 황제 만력제의 지시로 자신의 제자인 이지조(李之藻)
와 함께 《곤여만국도》를 제작하였음. 각 나라의 소개까지 빼곡히 적혀있는 이 지도
는 조선, 일본에 전해지면서 동아시아의 눈을 넓혀주었다. 그러나 《곤여만국도》는
민간에 공개되지 않고 황실의 대외비로 황실 도서관 깊숙한 곳에 보관되다가 명나라
멸망 후로는 아무도 본 사람이 없다. 그러다가 1922년에 베이징의 골동품 시장인 유
리창에서 이를 심상치 않게 본 16세 소년에 의해 구매되어 세상에 다시 모습을 드러
냈다.

"임청천(林青天)"

흠차대신으로 임명되어 광저우로 파견되기 전까지의 린쩌쉬의 경력은 크게 세 시기로 나뉜다. 초기는 위에 설명한 한림원의 초급 관리로서 베이징에 거주했던 1810년대였다. 중기는 1820년대로서 이 시기 그는 꽤 높은 직책의 지방관으로서 여러 지역에 부임하여 수리(水利) 사업 등에 있어서 혁혁한 실적을 냈다. 세 번째 시기인 1830년대는 이러한 실적이 바탕이 되어 순무와 총독이라는 지방 최고 행정장관으로 있었던 시기이다.

1820년 2월에 그는 강남도 감찰어사라는 직책으로 장쑤성 쑤저우로 부임하였는데 이것이 그의 지방관 경력의 시작이었다. 강남도는 장쑤성을 말하고 감찰어사는 청대의 감찰 관청인 도찰원이 지방에 보내는 감찰관이었다. 종5품 관리였지만 실질적인 권한은 매우 컸다. 오늘날의 중국에 빗대어 말하자면 장쑤성 기율감찰 서기 정도라 할 수 있겠다. 당시 허난성과 인접한 지역에서 제방이 터져 복구작업을 하고 있었는데 이 작업의 진척이 더디게 진행되고 있었고 뭔가 석연치 않다고 여긴 그는 이에 대한 감찰을 실시하였다. 린쩌쉬는 그 이유가 상인들이 공사 자재를 매점매입하여 가격을 올리는 데에 있음을 파악하고 그 해결책으로 정부가 자재를 전량 동일한 가격에 매입하여 공급하는 방안을 제안하였다. 그리고 이는 황제의 재가를 받아 실시되었다. 청 말 성행했던 관리들의 부패를 고려할 때 이러한 상황에는 십중팔구 지방 관리와 자재 공급업자 간의 결탁이 있었을 것이다.

그해 4월에 린쩌쉬는 중앙에서 실시하는 인사고과에서 1등급을 받았고, 저장성 항가호 도대(杭嘉湖道台)로 승진되어 항저우로 갔다. 도대란 도(道)의 행정장관으로 정4품 관리였다. 청대의 지방 행정 구역은 공식적으로는 '성(省)-부(府)-현(縣)'의 3단계 체제였으나 일부 지역에는 성(省)과 부(府) 사이에 두세 개의 부를 묶은 '도(道)'라는 것이 있었다. 그러므로 항가호 도대(杭嘉湖道台)는 저장성의 주요 세 도시인 항저우부(杭州府), 자싱부(嘉興府), 후저우부(湖州府)의 행정을 관할하는 직책이었다. 중국 역사에서 행정단위로서 '부(府)'라는 단어가 나오면 높고 네모 반듯한 거대 성벽으로 둘러싸인 고대 도시라 이해하면 된다.

그러나 항가호 도대로 부임한 지 1년 3개월 만인 1821년 7월, 그는 부친이 와병 중에 있다는 이유로 사표를 내고 고향으로 갔다. 사실 그의 부친 린삔르는 곧 병에서 완쾌되었으므로 부친의 병환이 그가 사직을 한 진정한 이유는 아니었던 걸로 보인다. 그가 사표를 낼 때 그의 상관인 장쑤성 순무는 '굳이 사표를 낼 것까지 있겠느냐. 자리를 비워둘 테니 고향 일을 처리하고 다시 오는 게 어떻겠느냐'고 만류하였지만 린쩌쉬는 끝내 사직하고 고향으로 갔다. 이는 아마 풍운의 뜻을 품었던 열혈남아인 그가 실제 지방관이 되어 일을 하면서 관료 사회의 오랜 악습 또는 기득권층과 부딪히며 그 실상을 깨달았고, 급기야 "이건 아니다."라는 생각을 하고 자리를 박차고 나온 것일 게다. 그의 나이 37살이었고 공무원 생활을 시작한 지 만 8년이 지났을 때였다. [42]

---

[42] 앞서 설명한 오봉서원의 교수 천셔우치(陳寿祺)와 교우한 건 이 당시의 일이었다.

그러나, 그의 현실 도피 생활은 그리 오래가지 않았다. 다시 8개월 후인 1822년 3월에 그는 복직을 알아보러 베이징으로 상경한다. 돈을 벌어야 했기 때문이다. 그러자 그의 예전 상사가 복직을 알선해 주었고, 도광제는 그를 원래 자리인 저장성 항가호 도대로 다시 복귀시켜주었는데 이는 매우 이례적인 인사조치였다(1822년 7월). 휴직이나 사직을 한 후 다시 복직할 때는 원래 자리로 가려면 한참을 기다려야 하는 게 관례였기 때문이다. 이는 린쩌쉬의 사람됨과 능력이 많은 사람에 의해 인정을 받고 있었고 심지어 황제도 이를 알고 있었다는 것을 말해준다.

항저우로 복직한 그는 같은 해 12월에 다시 장쑤성 회해도훈(淮海道汛) 겸 절강염운사(浙江盐运使, 종3품)로 부임하였다. 1823년 정월, 린쩌쉬는 다시 정3품 관리인 장쑤성 안찰사(성의 사법관련 총괄)로 승진하였다. 그는 장쑤성 안찰사로 부임한 지 4개월 만에 장쑤성의 산적해 있던 안건들을 공정하게 처리하여 장쑤성 백성들로부터 "임청천[43]"이라는 별명을 얻었다. 장쑤성 안찰사로 재임할 당시 그는 장쑤성 백성들의 풍기가 나빠진 것이 아편 때문이라 여기고 이를 단속하였는데 이것이 그가 한 첫 번째 아편 단속이었다. 그 후 그는 부임하는 곳마다 아편을 단속하였는데, 이렇게 그가 아편에 대해 강한 적개심을 가지고 있었던 것에는 전도양양했던 그의 형이 아편쟁이가 되어 죽은 것의 영향도 분명 있었을 것이다.

그해(1823) 여름에 장쑤성에 수재가 들면서 벼가 모두 물에

---

43) 북송 시기의 공정하고 강직한 지방관인 '포청천'에 비유한 별명이다.

잠겼고 사회가 흉흉했다. 그런데도 관부는 여전히 그대로 세금을 거두려 하자 성난 백성들이 모여서 집단행동을 하려는 움직임이 있었다. 그러자 이를 장쑤성 순무가 무력으로 진압하고자 하였고 관(官)과 민(民) 간의 일촉즉발의 상황이 벌어졌다.

"아무리 수재를 당했다지만 사회를 어지럽히는 건 용납할 수 없다. 집단행동을 하는 자들은 법에 따라 처리한다!"

"순무 어른, 그건 안 됩니다. 지금 저들이 분노를 표출하는 건 당연합니다. 어려움에 처한 백성들을 보듬어주는 것이 관부가 할 일이 아니겠습니까? 지금은 법으로서 질서을 유지할 때가 아닙니다. 먼저 지원책을 발표하여 이들을 안심시키고 조정에 감세 주청을 올리십시오."

그는 친히 배를 타고 여러 지역을 돌며 감세와 지원을 해 줄 것을 약속하였다. 그리고 그의 약속대로 구제 조치가 실시되자 백성들은 굶주림에서 벗어날 수 있었고 사회 질서가 바로 잡혔다. 그해 11월 도광제는 린쩌쉬를 두 번이나 궁으로 불러서 그의 업적을 치하하였고, 12월에 그는 장쑤성 포정사(성의 인사·재무 최고책임자에 해당, 종2품)로 승진하여 다시 쑤저우로 복귀하였다.

최고 지방관에 오르다

장쑤성 남부와 저장성 북부는 장강의 지류와 호수가 많은 지역이다. 그래서 쑤저우(苏州), 자싱(嘉兴)과 같은 아름다운 수상 도시들이 발달해 있다. 이 말은 한편으로는 홍수에 매우 취약한 지역이라는 뜻이다. 1824년 7월 린쩌쉬는 이 지역의 고질적인 범람을 해소하는 물길 트기 공사를 장쑤성과 저장성 순무에게 제안하였다. 부근에 있는 세 개 강의 물길을 서로 트는 이 프로젝트는 두 개 성(省)에 걸치는 대규모 공사였고, 곧 황제의 재가를 받아 발족되었다. 린쩌쉬가 공사 준비를 진두지휘하느라 바쁘게 움직이던 중, 7월 17일에 고향으로부터 어머니가 돌아가셨다는 소식이 왔다. 그는 어머니의 장례를 위해 고향으로 돌아가야 했으나 이제 막 준비 중인 공사를 두고 떠날 수가 없었다. 이때 그의 부친 린삔르는 '나라 일이 먼저다'라며 아들로 하여금 일을 마무리하고 오게 하였고, 이렇게 린쩌쉬는 프로젝트의 중요한 단계에 대한 지휘를 끝낸 후 고향으로 떠날 수 있었다.

모친의 거상 기간이 끝나는 1827년 5월부터 그는 다시 섬서성과 장쑤성의 안찰사, 포정사로 임명되어 활약하였으나 그해 10월 부친 린삔르가 별세하면서 다시 고향으로 돌아갔다. 그의 2기 공직 생활인 1820~1829년 동안 여러 업적을 이루긴 했지만 6년간의 거상 기간을 제외하면 그가 실제 지방관으로서 활약했을 시기는 1820년 정월에서 1824년 7월의 4.5년에 불과하다. 그는 이 중 1년 반가량을 수상 도시인 장쑤성 쑤저우에서 근무했다.

1831년(도광 11년) 10월에 황제는 린쩌쉬를 "하도총독(河道总督)"으로 발탁했다. 하도총독이란 경항대운하를 관리하는 최고 책임자로서 근무지는 산동성 제녕시(济宁市)였다. 하도총독으

미몽 속의 제국

로 있으면서 눈부신 성과를 인정받은 린쩌쉬는 1832년 2월에 장쑤성 순무로 발령받아 7월에 다시 쑤저우에 도착했다. 이때 그는 부임하자 마자 '에머스트호 상해 입항' 사건을 겪는다.

　장쑤성 순무로 재임하는 기간 그와 양강 총독 타오슈(陶澍)는 서로 의기투합하여 여러 폐단을 없애고 청대 재정경제를 애먹 이던 곡식 운송, 이재민 구휼, 수리, 소금 사업, 화폐 등에 있어 서 적잖은 개혁을 이루어냈다. 순무는 원칙적으로 총독의 지휘 를 받지만, 이 둘은 실제 많은 부분에서 서로 협업해야 하는 자 리이다. 당시 타오슈 막부의 참모로 있던 사람은 다름 아닌 웨 이위엔(魏源)이었고, 이때부터 린쩌쉬와 웨이위엔은 급속도로 가까워지기 시작한다.

　1837년(도광 17년) 정월에 린쩌쉬는 호광 총독(오늘날의 후난, 후베이성 관할)으로 승진하였고 이로써 그는 지방관으로서 갈 수 있는 최고직에 올랐다. 그의 나이 53살이었다.

9장

공즈쩐 (龔自珍)

역사나 중국문학을 전공한 사람이 아니고서는 공즈쩐(龔自珍, 공자진)에 대해 잘 모를 것이다. 중국인들에게 공즈쩐을 물어보면 대학을 나온 사람이면 최소한 이름은 기억하며 대부분 그를 '시인'이라 말한다. 기해년 그가 관직을 벗어던지고 고향으로 가는 도중에 지은 시들을 수록한 『기해잡시』는 그의 트레이드마크가 되어 지금은 공즈쩐과 거의 동일어가 되어 있다. 중국인들이 공즈쩐을 기억할 수밖에 없는 또 하나의 이유는 『기해잡시』의 125번째 시가 중국 중학교 1학년 국어 교과서에 실려있기 때문이다.

물론 공즈쩐의 공식 직업이 시인은 아니다. 그가 천재적인 문장력을 타고나긴 했지만 그 역시 관가로 나가기 위해 회시에 계속 도전하였고, 그의 궁극적인 뜻은 시를 짓는 데에 있었던 것이 아니라 정치를 바꿔보려는 데에 있었다. 그런 그의 뜻이 좌절되면서 그간의 울분과 창작적 재능이 폭발하여 수백 편의 시들이 폭풍처럼 탄생하게 된다. 1839년까지 그는 감수성이 예민하고 자유분방하며 혁신적 사상을 가진, 그래서 당시 사회가 받아들이기 어려웠던 경성(베이징)의 중하급 공무원이었다.

관가로 나가기 전의 공즈쩐

공즈쩐은 1792년에 저장성 항저우에서 태어났다. 조부, 부친 모두 진사 출신이며 꽤 높은 관직까지 갔다. 그의 외조부 단옥재(段玉裁)는 진사가 되지 못하여 고위 관직을 하진 못했지만, 고(古)문자학에 있어서 한 획을 그은 유명한 학자였다. 그가 아니었으면 후대의 역사가들이 한나라 이전의 비석을 해독하는 데 깨나 애를 먹었을 것이다. 이렇듯 진사가 되는 것이 꼭 학식이 높은 것을 뜻하진 않았다. 거인 신분으로서 학계나 사상계에 큰 족적을 남긴 사람들도 많았다. 이는 비유하자면 5급 행정고시, 사시, 외시를 패스한 사람이 반드시 학문적 지식과 교양이 높은 사람이라 말할 수 없는 것과 같다. 그의 친가는 관리로서 꿀리지 않는 집안이었고 외가는 유명한 학자 집안이었으니 공즈쩐은 좋은 공부 머리를 타고났을 가능성이 크다. 또한 경제적 어려움 없이 어려서부터 좋은 교육을 받았을 것이다. 공부로는 학자인 외할아버지와 시인인 어머니의 지도를 많이 받았다고 한다. 어머니가 시인이라……. 이런 걸 보면 그의 외가는 비교적 개방적이며 진보적 분위기가 농후한 중산층 지식인 집안이었을 거라 짐작할 수 있다.

그러나 그는 재능에 비해 시험운과 관운이 따르지 않았다. 1810년에 순천부(베이징) 향시에 응시했으나 보류자 명단에 들어가 국자감 학생이 되었다. 명청 시기에 과거 시험의 합격자 발표의 날이 되면 주관 부처인 예부(礼部)에서는 남쪽 벽에 방(榜)을 붙였고 응시자들은 자신의 이름이 있는지를 보기 위해 몰려들었다. 이들이 보는 합격자 명단을 정방(正榜)이라 한다. 그런데 방이 하나 더 있었다. 성적으로는 합격이나 정원에 들지 못한 아까운 사람들을 부방(副榜)이라 하여 국자감 학생이 되어 공부할 수 있도록 했다. 엄밀히는 낙방이다.

공즈쩐은 3년 후인 1813년에 다시 향시에 응시했는데 또 낙방하였다. 1813년이면 그의 나이 22살 때이고 한창 물이 올랐을 텐데 향시에 낙방했다는 건 조금 의외다. 이는 어쩌면 형식에만 치우친 중국의 과거제가 이제는 더 이상 인재 발굴의 역할을 제대로 하지 못하고 있었다는 것을 뜻하며, 또 한편으로는 공즈쩐의 관심사가 다른 곳에 있었음을 알려주는 것일 수도 있다. 실제 그는 8살 때『경사经史』,『대학大学』을 연구하고, 12살 때 외조부에게서 한자학 경전인『설문해자说文解字』를 배웠다. 고금의 관제, 금석학 관련 서적을 수집하고 편집하였으며 13살 때 이미 자신의 저서를 냈을 정도로 천재였지만 그의 관심 분야는 과거 시험과는 관련이 없었으며 그의 재능은 주로 문학적 창작으로 발휘되었다.

1813년은 그에게 불운이 겹치는 해였다. 향시에 낙방하고 3개월 후에 고향으로부터 아내가 죽었다는 소식을 접한 것이다. 그는 1815년에 재혼을 하고는 다시 베이징으로 상경하였고 이들은 거기서 아들 공둥(龚橙)을 얻었다. 그리고는 1818년에 다시 저장성으로 내려가서 절강 향시에 응시하여 합격하였다. 그의 나이 27살이었다. 뭔가 가진 것에 비해서는 젊은 시절이 썩 잘 풀린 것 같지는 않아 보인다.

경세파

공즈쩐은 1819년에 회시(会试)에 응시하기 위해 다시 베이징에 왔고 이때 리우펑루(刘逢禄)를 찾아와 그의 제자가 되었다. 비슷한 시기 순천부 향시(乡试)를 준비 중이던 웨이위엔(魏源)도 리우펑루를 찾아와 제자가 되었다. 이들은 왜 종6품밖에 안 되는 예부주사(礼部主事) 리우펑루의 제자가 되었을까? 리우펑루는 누구인가?

그에 대해 설명하려면 중국 경세파의 형성과 그 계보를 짚어볼 필요가 있다. 중국과 우리나라의 정신 세계를 지배했던 유가 사상은 북송 시대에 정호·정희 두 형제가 이학(성리학)이란 걸 창조하기 전까지는 우리가 생각하는 것처럼 고리타분하고 형이상학적이지만은 않았다. 남송 때부터 이학이 과거제를 지배하면서(이에는 주자라 불리는 주희의 공이 컸다) 사대부들은 국가 경영이나 현실 세계에 전혀 도움이 되지 않는 이학에만 매달렸고 이렇게 동북아 사회는 수구와 경직의 길로 들어섰다.

명 왕조 말기에 환관 세력과 반대편에 선 정치 세력이 있었는데 이들을 동림당이라 불렀다. 이들은 지역적으로는 당시에 소위 '강남'이라 불리던 난징에서 쑤저우 사이의 장강 연안 도시에 근거지를 두고 있었고, 강남의 서원들을 중심으로 당시 정치에 대한 비판의식을 형성해 나갔다. 이들은 나라를 도탄에 빠트린 환관들의 부패를 척결하고자 했고 관료 사회를 쇄신하고자 했다. 또한 새로운 문물에 대해 비교적 열려있었고 그래서 천주교에도 우호적이었다. 천주교의 교리에 감화되었다기보다는 서양 선교사들이 가져오는 기술에 매혹되었다고 봐야 할 듯하다. 이렇듯 명 말기에는 동림당과 반동림당의 정치 싸움이 치열했다. 그러나 동림당의 이러한 노력도 대세를 돌리진 못했고 명 왕조는 결국 멸망하고 만다. 명 말의 동림당은 정치사상화에까지는 이르지 못했고 단지 반환관 진보 성향의 정치 세력에 그쳤지만, 이들을 경세 사상을 향한 최초의 움직임이라 보는 데는 무리가 없을 듯하다.

자신들의 세계가 만주족 오랑캐의 지배를 받게 된 것에 정신적 충격을 받은 명 왕조의 사대부들은 자신들의 과거에 대해 반성하는 한편, 청 왕조에 충성을 해야 하느냐 저항하느냐의 사이에서 고민하였다. 이들은 그간 자신들이 치국에는 전혀 쓸모없는 사상에 사로잡혔던 것에 대해 반성하면서 '세상을 경영(경세)'하는 데 적합한 새로운 사상을 찾고자 하는 노력하였는데, 그 대표적인 인물이 고염무(顧炎武), 황종희(黃宗羲), 왕부지(王夫之)였다. 이 세 명 모두 명 말에서 청 초에 걸쳐서 살았던 사람들이다. 이들은 후에 조선의 실학파와 개화파들로부터 거의 성인으로 추대된다. 조선 정조 시기 이덕무, 박제가와 같은 북학파들은 고염무, 왕부지의 사상에 심취했으며, 조선 말 개화파의 시조라 불리는 박규수는 사신으로 베이징에 갔을 때 고염무 사당에 가서 참배를 하였다.

중국을 장악한 청 왕조는 당연히 한족들이 반성을 하거나 각성을 하는 것을 원치 않았다. 이들은 한족들이 명 왕조 때처럼 이학에 갇혀 있기를 바랐고, 그래서 청 왕조 통치자들은 이학의 관방 철학화를 가장 적극적으로 하였다. 당연히 그 외의 사상은 탄압을 받았다. 이학은 기존 질서에 대한 순응과 통합을 요구하였고 과거제가 형식에 치우치는 현상은 명 왕조 때보다 더욱 심각해졌다.

고염무, 왕부지 등이 싹틔운 경세 사상이 고개를 들기에 청은 너무 강했다. 17세기 후반에서 18세기에 걸치는 130년간의 강·옹·건 전성 시기를 거치면서 중국의 지식인들은 그 어느 때보다 강한 사상통제를 겪었고 결과적으로 이들의 사상은 사고전서[44]와 팔고문에 갇혔으며 경세 사상은 멸종하다시피 했다. 이 시기는 중국 사상계에서는 암흑기라 할 수 있다. 이에 우울한 지식인들이 대안으로 찾은 것이 과거에 대한 향수였고, 그래서 고대 비문이나 고서를 찾아다니며 해석하고 고증하는 고

---

44) 중국의 역사에서는 강한 황제가 등장할 때마다 '정보 종합 총서' 프로젝트가 행해지곤 했다. 건륭제 역시 '고금 천하의 모든 도서를 한데 모은다'는 취지로 민간이 보유한 사상서, 역사서, 시문 등을 대여하거나 기부받아 필사하여 거대한 규모의 백과사전을 만들었다. 여기에 실린 도서는 3,500종에 8만 권에 달하며 페이지 수로는 230만 페이지에 글자수는 8억 자에 달한다. 그러나 실제 편찬 과정에서 많은 책이 사상적으로 검증을 받아 폐기되었기에 이 프로젝트를 건륭제의 사상 통제 수단으로 보는 시각도 있다. 이렇게 해서 만들어진 "관방 인문학 총서"는 총 7부가 제작되어 4부는 황실이 보관하고 3부는 민간에 열람시켰다.

중학이 18세기 후반부터 유행하게 된다. 사상계의 갑갑한 현실에 대한 일종의 도피였다.

그런데 건륭제 사후, 즉 19세기 1800년대에 들어 나라 안팎으로 위기 상황이 계속되면서 경세 사상이 다시 고개를 들기 시작한다. 역시 이학은 질서유지에만 효험이 있을 뿐 치국이나 위기 대응에는 쓸모없는 사상이었다. 이때 경세 사상에 불을 지핀 학문이 공양학(公羊学)이다. 경세란 실사구시를 추구하는 마인드일 뿐 사상적 체계와 기반을 가진 학문은 아니었다. 한 사회에서 기존 주류 사상과 다른, 새로운 사상이 퍼지기 위해서는 그 사회의 신앙의 지지를 얻어야 한다. 즉, 서구 사회에서는 성경의 권위를 빌어야 하고, 불교 사회에서는 불경의 권위를 빌어야 하듯이 당시 중국에서는 이들의 신앙이었던 유가 경전의 권위를 빌리지 않으면 그 정당성을 얻기 힘들고 사회에서 수용되기 어려웠다. 왜냐하면 아무리 혁신적인 사상일지라도 '유가의 도리에 반한다', '이단이다'라는 한 마디는 모든 걸 무력화시켰기 때문이다.

장쑤성 창저우(常州)의 진보 유학자인 장존여(庄存与 1719~1788)는 1,600년 전에 멸종된 금문경학이라는 유가의 한 파를 끄집어내어 개조시켜 '공양학(公羊学)'이란 걸 창시했는데 이것이 경세 사상에 유가적 권위와 정당성을 부여하였으며 당대의 학술계에 파란을 불러일으켰다. 이후로 실사구시를 강조하는 공양학에 당대의 진보·계몽 지식인들이 몰려들었고 사람들은 이들을 '창저우 학파' 또는 '공양학파'라 불렀다. 장존여의 뒤를 이어 공양학파의 장문인이 된 사람은 다름 아닌 리우펑루(刘逢

祿)였다. 리우펑루는 장존여의 외손자였다.

[고문경학 vs 금문경학]

공양학이란 무엇인가? 또한 금문경학과는 어떤 관계가 있나? 그럼 금문경학은 무엇인가?

유가의 경전에는 여러 가지가 있다. 당나라 때까지는 『시경』, 『상서』, 『주역』, 『주례』, 『의례』, 『예기』, 『춘추좌씨전(좌전)』, 『춘추공양전(공양전)』, 『춘추곡량전(곡량전)』의 9개였고, 송나라 때에는 여기에 『논어』, 『맹자』, 『효경』, 『이아(尔雅)』가 더해져 13개가 되었다. 이 중 『시경』, 『상서』, 『주역』, 『주례』, 『의례』를 '경(經)'이라 칭하고, 『좌전』, 『공양전』, 『곡량전』을 '전(傳)'이라 하며, 『예기』, 『논어』, 『맹자』, 『효경』을 '기(記)'라 칭한다. 이 중 경(經)과 기(記)는 성인들의 문학작품, 사회규범, 의례 등을 설명하는 것으로서 논쟁의 소지나 자의적 해석이 필요 없는 내용들이다. 그런데 문제는 '전(傳)'이었다. '전(傳)'은 역사와 치국 이념에 관련된 경전이고 나름 해석의 여지가 있었기 때문이다. 그래서 좌전에 치중하느냐 공양전에 치중하느냐에 따라 유가의 파가 '고문(古文)경학'과 '금문(今文)경학'으로 갈렸다.

이 둘의 탄생을 이야기하자면 진시황의 분서갱유로 거슬러 올라간다. 한(汉) 왕조가 세워진 후 한의 통치자들은 국가의 이념으로 유가를 다시 부활시켰다. 그런데 분서갱유로 유가 경전들이 전부 불타 없어진 상태라 이들은 생존해 있는 유생들의 기억과 암송에 의거하여 경전을 다시 쓸 수밖에 없었다. 이때 쓰여진 경전은 당시 민간에서 쓰이던 새로운 글자인 예서(隶书)로 편찬되었다. 예서가 나오기 전인 춘추전국 시대에 쓰이던 글자를 전서(篆书)라 한다. 전서는 너무 복잡하여 한나라 초기에는 관부의 공식문서에는 전서, 민간에서는 예서, 이렇게 두 글자가 잠시 공존하다가 후한과 위진 시대를 겪으면서 전서는 없어지고 예서가 자리 잡았다. 지금은 이 둘 모두가 고문이지만 한나라 때 사람들은 전서를 고문(古文)이라, 예서를 금문(今文)이라 불렀다. 그래서 이때 복원된 경전을 연구하는 유가사상을 '금문으로 쓰여진 경서에 기반한 사상'이라 하여 '금문경학'이라 불렀다.

전서

예서

그런데 없어진 줄 알았던 춘추시대의 유가경전이 속속들이 발견되기 시작했다. 한무제 때 노공왕(魯恭王) 유여(刘余)가 공자의 옛 집을 허물다가 『일례逸礼』와 『상서尚书』를 발견하였고, 한성제 때 궁중의 비밀 장서를 정리하면서 『춘추좌씨전(좌전)』을 발견하는 등 유가의 오리지닐 경전들이 나오면서 이들을 연구하는 학문이 각광 받기 시작했다. 이 오리지널 경전들은 당연히 춘추시대의 글씨인 전서(고문)로 쓰여있었고 그래서 이들을 연구하는 사상을 '고문경학'이라 불렀다. 진시황의 분서갱유로 인해 같은 유가 경전이 구약과 신약으로 나뉜 것이다.

이 둘의 간극은 기독교가 구교와 신교로 나뉘진 것만큼 크다고 할 수 있겠다. 금문경학은 고문경학의 부상을 막으려고 애를 썼고, 고문경학은 금문경학을 여태껏 자기 맘대로 경전을 해석했다며 이단이라 비난했다. 한나라가 세워지고 200년 동안은 『공양전』에 치중한 금문경학이 주를 이루었으나, 후한(동한) 때부터 통치자의 정치 논리에 의하여 『좌전左传』에 치중한 고문경학이 사상계를 완전히 장악하였고 금문경학은 고문경학에 흡수되었다. 그 후로 청 후기까지 1,600년 동안 유가는 『좌전』에 치중하였다. 고문경학이 금문경학을 대체한 데는 정치적 필요성이 강하게 작용하였다. 왜냐하면 『공양전』은 군신관계에서 상황에 따른 유연성을 허용하였지만, 『좌전』은 통치자에 대한 절대복종을 요구했기 때문이다.

다시 청나라로 돌아와서, ……… 18세기에서 19세기로 넘어가는 시기에 창저우 학파에 의해 『공양전』을 중심으로 하는 공양학, 즉 금문경학이 혜성같이 부활하였는데 그 중심에 바로 리우펑루(刘逢禄)가 있었다. 공양학의 실사구시 사상과 개혁 성향은 리우펑루의 제자인 공즈쩐(龚自珍)과 웨이위엔(魏源)에게 이어졌고, 후에 양무운동의 주관자 리홍장(李鸿章), 청 말의 개혁가이자 무술변법의 주인공인 캉요웨이(康有为)와 량치차오(梁启超)에게도 영향을 미쳤으며, 조선의 개화파들에게도 사상적 기반을 제공하였다.

세상이 포용할 수 없었던 공즈쩐

공즈쩐은 1819, 1820년 두 차례 회시에 응시했으나 모두 낙방하였고 1821년에 거인 신분으로 내각중수가 되었다. 7품 관리인 내각중수는 회시에 완전 합격하진 않았으나 아깝게 떨어진 사람들 중에서 선발하였고 주로 문서 관리나 번역, 필사 등의 업무를 담당하였다. 그 후로 그는 종인부주사(宗人府主事), 예부주사(礼部主事, 종6품) 등 중앙의 중급 직을 맡으면서 거의 20년 동안을 베이징에서 거주했다.

주사(主事)란 무엇인가? 6부(部)라 불리는 리부, 호부, 예부, 형부, 병부, 공부에는 각각 바로 아래 조직으로 사(司)가 있었는데 이곳의 수장을 랑중(郎中)이라 불렀고 부수장을 원외랑(员外郎)이라 했다. 대한민국 정부부처의 실장과 국장에 해당한다. 주사(主事)는 원외랑 밑의 직책이다. 청대의 예부주사(礼部主事)를 굳이 오늘날 한국에 비유하자면 교육부 □□□실 ○○○정책과 과장(3급)에 해당한다고 볼 수 있을 것 같다. 직급 자체로는 낮다고 할 수 없으나 그의 실력과 재능으로 봤을 때 공즈쩐은 관가에서 거의 왕따를 당했다고 봐야 할 것 같다.

1829년, 38살의 공즈쩐은 웨이위엔과 함께 회시에 응시하여 합격했으나 마지막 시험인 전시에서 '3갑 19등'을 받아 한림원 입성에 실패하였다[45]. 사실 그가 전시에서 하위 점수를 받은

---

45) 회시를 통과하면 '공사(贡士)'의 타이틀을 받고, 이들 중 대부분은 전시에도 통과하

건 이유가 있었다. 전시란 회시 합격자의 마지막 관문으로 정책과 시사 문제를 논하는 시험이었고 1~3등은 황제가 직접 선정하였다. 이때 공즈쩐은 북송의 왕안석이 송인종에게 올린『언사서』를 본따서『황제께 드리는 변경 안정을 위한 건의서 御试安边抚远疏』란 제목의 정책 건의서를 써서 제출하였다. 여기서 그는 신장 준갈을 평정한 후의 후속 조치로 행정정책, 용인, 치수, 변방관리 등 여러 분야의 개혁에 대한 주장과 함께 현재 직면한 문제들에 대해 수만 자에 걸친 장문으로 거침없이 쏟아부었다. 이를 본 고시 사정관들은 놀라서 입을 다물 수가 없었다. 그의 말이 하나하나 다 맞는 말이어서 놀랐고, 또 이런 말을 하나도 두려워함 없이 거침없이 쏟아낼 수 있는 자가 들어왔다는 것에 놀랐다. 수석 사정관인 대학사 차오쩐용(曹振镛)은 '개두(머리를 땅에 박는 것)는 많이 하고 말은 적게 하는(多磕头, 少说话)'이란 별명을 가진 늙은 대신이었다. 이런 사람이 공즈쩐의 답안을 좋게 봤을 리는 없다. 그는 공즈쩐의 글을 "해서의 필법(楷法)[46]에 맞지 않는다"는 이유로 낮은 점수를 주었다. 이 일이 있은 후 그의 스승인 리우펑루는 공즈쩐과 웨이위엔의 낙방을 한탄하는 시를 지었는데 그 시로 인해 이들의 이름이 세간의 주목을 받기 시작했다.

여 '진사(进士)'가 되었다. 역사 속의 유명인들이 대부분 회시와 전시를 이어서 패스했기에 회시를 통과하면 진사가 되는 것처럼 서술하고 있다. 그러나 공즈쩐은 공사가 되었지만 진사 타이틀을 따지는 못했다.

46) 해서(楷书)란 당시의 '스텐다드 글씨체'라 이해하면 된다.

린쩌쉬와 공즈쩐

린쩌쉬와 공즈쩐이 서로 얼굴을 보며 교우할 수 있었던 시간은 사실 그리 많지 않았다. 1819년에 공즈쩐이 리우펑루의 문하로 들어온 후 린쩌쉬를 알게 되었으나 바로 1년 후에 린쩌쉬의 지방관 생활이 시작되었기 때문이다. 그 후 린쩌쉬는 복직을 위해, 또는 황제의 명을 받아 간간이 상경을 하였는데 이때 이들은 재회했을 것이다. 공즈쩐은 19년 동안 베이징에만 있었으니 말이다.

린쩌쉬는 1830년에 부친상을 마치고 황제를 알현하기 위해 상경하여 약 반년간 베이징에 머문 적이 있는데 이때가 이 둘의 친교가 두터워졌던 시기였다. 린쩌쉬는 이 시기 잠시 경세파 관리들의 문학 모임인 선남시사(宣南诗事)에 참석하였는데 이때 공즈쩐과 문학적으로 교류하고 정치적 의견을 주고받았을 것이다. 이 둘은 무엇을 이야기하였을까? 분명 당시 관리들의 부패와 아편 문제에 대해 분개하였을 것이고 이렇게 그들은 정치적 동지가 되었다. 그러나 공즈쩐의 급진적이고 이상적인 사상은 현실 정치가인 린쩌쉬를 불편하게 만들기도 했다.

1830년 봄, 린쩌쉬와 공즈쩐, 그리고 이제 막 내각중서사인[47]이 된 웨이위엔이 한 자리에 모였다.

"정암(定庵, 공즈쩐), 묵심(默深, 웨이위엔), 그간 잘들 있었나?"

---

47) 중앙의 하급 관직이다.

"예, 형님. 저도 스승님의 장례식에서 막 돌아왔습니다."

"작년에 신보(申甫, 리우펑루) 형님께서 돌아가셨다는 소식을 들었네만 나도 상중에 있었기에 장례에 가보지도 못했네."

이들은 서로의 안부를 주고받았고, 세상을 뜬 리우펑루에 대해 이야기하였다. 그러다 보니 그가 생전에 주장했던 공양학 역사관에 대한 주제로 넘어왔고 이는 다시 현실 정치에 관한 이야기로 이어질 수밖에 없었다. 린쩌쉬가 말을 이었다.

"자네가 보내준 『존음尊隐』은 읽어보았는데……. 이게 조정으로 들어가면 자네 무사하지 못할 것 같은데."

"그럴 수 있겠죠. 그게 제일 안타깝고 분노스러운 겁니다. 이나라가 생긴 후 150년 동안 실시해 온 우민화 정책과 문자옥으로 지식인들은 이제 바보가 되었고 아무런 목소리를 내려 하지 않고 있습니다. 이 나라는 쇠락의 길목으로 들어섰죠. 말라 비틀어진 고목나무처럼 말입니다."

"세상을 너무 비관적으로만 보는 것 아닌가? 그래도 자넨 조정의 관리가 아닌가? 부패한 관리들을 개혁하면 우리 대청(大淸)에 강건성세가 다시 올 수도 있을 걸세."

"강건성세요? 형님은 강건성세가 뭐라 생각하십니까? 강건성세 속에서 백성들이 살기 좋았나요? 도대체 누구를 위한 강건성세입니까?"

"자네 말이 무슨 뜻인지는 알겠네."

"이 나라의 태평성대는 글자로 하고, 이름으로 하고, 소리 내며 웃는 모양으로 만든 태평성대지 실은 쇠락의 길로 들어섰습니다. 이미 망국의 신호들이 보이지 않습니까?"

"그러니까 관료 사회를 혁신해야 한다는 것 아닌가?"

"형님은 관리들의 기강만 바로잡으면 다 될 것처럼 생각하시는데, 그게 다일까요? 정치가 부패한 건 관리들이 양심을 버리고 부끄러움을 모르기 때문이고, 관리들이 부끄러움을 모르는 건 황상께서 조정 관원들의 정신을 진작시키지 못했기 때문이지요."

"꼭 그렇게만 볼 수는 없네. 나라에 군주가 없을 수는 없는 것이고 군주를 바른 길로 이끄는 것도 신하의 의무이지. 당태종이 성공할 수 있었던 건 그 밑의 위정(魏征), 방현령(房玄齡) 같은 신하들이 본분을 다하며 할 말을 했기 때문이야."

"명군이 있어야 량신이 있는 겁니다. 그런데 이 나라는 개국 이래로 황제가 자신들의 지고무상한 권위를 세우기 위해 천하의 지식인들을 탄압하고 사람들로부터 부끄러움을 빼앗아 가는 고압정책을 펼쳤죠. 대신들은 황상 앞에 가면 고개를 들지도 못하고 어떤 때는 엎어져서 머리를 땅에 조아리기 바쁜데 무슨 군신 간의 제대로 된 논의가 있겠습니까? 당송 때 군주와 신하가 마주 보며 이야기했던 것에 비하면 한참을 후퇴한 거지요."

이들은 또 과거제에 관해서도 이야기하였다.

"중국은 과거제를 혁신시키지 못하면 미래가 없습니다. 형식에만 갇혀있는 과거제가 이 나라의 지식인들을 얼마나 바보로 만들고 있습니까?"

이 말에는 린쩌쉬도 맞장구를 쳤다.

"맞네. 나도 과거제를 혁신해야 한다는 것에는 동의하네. 지금 중국의 젊은이들이 공부하고 있는 건 실제 치국에 아무 도움이 되지 않는 것들 뿐이지."

"이 나라의 우민화 정책과 인재 유린으로 지금 중국은 생기를 잃고 바싹 마른 고목나무가 되었지요."

공즈쩐은 '바싹 마른 고목나무'란 말을 두 번이나 했다. 린쩌쉬는 공즈쩐의 과격한 표현이 조금 거슬리긴 했지만 그의 말이 틀린 말은 아니라 생각했다. 이들은 또 국가의 기원에 대해서도 이야기하였는데 공즈쩐은 '하늘과 땅, 해와 달은 인간이 만든 것이고 대중이 스스로 창조해 낸 것이지 성인이 창조해 낸 게 아니다'라는 파격적인 주장을 하였다. 린쩌쉬는 이 말에 공감하면서도 공즈쩐에게는 이것이 '군권신수설'에 대한 도전으로 비춰질 수 있으니 언사를 조심하라고 당부했다.

공즈쩐은 린쩌쉬가 황제의 명을 받고 흠차대신이 되어 광저우를 향해 떠날 때 그에게 단염(端砚)이라는 유명한 벼루를 선물하였는데 벼루의 밑면에 왕희지의 시가 새겨져 있었다. 왕희지는 린쩌쉬가 가장 좋아하는 시인이었다. 린쩌쉬는 후에 신장으로 귀양 갈 때 이러한 시를 지음으로서 공즈쩐에 대한 고마움과 그리움을 표현하였다.

정암(공즈쩐)이 나에게 준 「时晴贴」가 새겨져 있는 벼루, 옥문관48)을 지나는 나와 함께하네.

◊◊◊◊◊◊◊◊◊◊◊◊◊◊◊◊◊◊◊◊◊◊◊◊◊◊

48) 옥문관(玉门关)은 깐수성의 가장 서쪽에 있는 관문으로서 서역과 한족 지구의 경계선이었다.

망망한 사막에서 아무도 나와 여행 벗이 되어주지 않지만, 이 벼루는 오고가는 나의 길에 늘 같이 있어 준다네.

定庵贻我时晴砚，相随曾出玉门关。 龙沙万里交游少，风云天山共 往返。

그러나 이 둘은 경세파라는 것과 외세의 침략, 특히 아편에 대해 단호한 입장을 견지했다는 것을 제외하고는 커리어, 생활 태도, 살아온 족적, 가치관, 여성관, 사회 규범에 대한 태도 등에 있어서 매우 큰 차이가 있었다. 공즈쩐은 섬세하고 열정적인 감수성을 지닌 문인이었지만 자신의 이론을 체계화해 많은 사람을 조직적으로 결속시키는 정치가는 아니었다. 붓을 놀리는 중앙의 중하급 직만 했을 뿐 현장 경험이 없었다. 공즈쩐의 경세는 책에서 나온 것이였지만 린쩌쉬의 경세는 현실 정치에서 체득한 것이었다. 그의 말은 이론일 뿐 만약 현장 지휘관이 듣고는 "그래서 뭘 어떻게 하자는 거요?"라고 물었을 때 그가 현실의 문제를 해결하는 효과적이고 구체적인 방안을 제공할 수 있었을까?

또한 그의 파격적이고 자유분방한 측면에 반감을 가진 사람들도 많았다. 공즈쩐은 돈을 허투루 물 쓰듯 썼다. 그는 골동품 매입에 많은 돈을 썼고 진짜든 가짜든을 가리지 않고 사댔다. 게다가 그는 도박을 즐겨 했다. 이런 식으로 부유했던 그의 집안은 점점 가세가 기울었고 후에 가서는 먹을 것이 떨어지는 지경에까지 이르렀다. 그리고 여자 관계? …… 당연히 있다.

공즈쩐과 구타이칭의 관계는 공즈쩐의 생애에서 빠질 수 없는 이야기이다. 구타이칭(顾太清)은 아이신줴러·이훼(爱心觉乐·奕绘)의 첩실이었다. 이훼(혁회)가 누군가 하면 건륭제의 증손자 중 하나이며 문학적 재능이 뛰어난 청 왕조 종실이었다. 구타이칭이란 여인 역시 만주족으로 문학적 재능이 있는 여류 문인이었는데 이훼의 눈에 들어 그의 첩실로 들어오게 된다. 그런데 공즈쩐과 구타이칭, 이 둘이 문학적으로 교류를 하다 보니 어찌어찌하여 감정이 생겼고 유부남과 유부녀 간의 사통이 벌어지기에 이르렀다. 공즈쩐의 여러 시 중 몇 개는 구타이칭을 두고 지은 것이다. 그가 1839년에 갑자기 관직을 그만두고 고향으로 간 것도 이훼의 압박에 못 이겨 베이징을 떠난 것이라는 해석도 있고, 심지어 그로부터 2년 후에 갑작스레 죽은 것이 이훼의 암살이라는 설도 있다. 사실 그의 여성 관계는 이것만이 아니었다. 그는 청루의 기생들과도 많은 염문이 있었다.

반면, 린쩌쉬는 가정적으로나 사회적으로나 일탈하거나 흐트러진 태도를 보인 적이 없다. 최소한 사료에 기재된 그의 일생에서 여성 관계는 아내 말고는 전혀 찾아볼 수 없다. 게다가 어려운 가정 형편에서 자랐고 젊어서 아르바이트까지 해야 했던 그가 돈을 허투루 썼을 리가 없다. 린쩌쉬는 관리로서의 높은 도덕심을 최우선으로 하는 사람이었다. 린쩌쉬는 이런 에피소드를 회고한 적이 있다. 그가 어릴 적에 친구와 놀던 중 한 아주머니가 그들 옆을 지나가다가 돈 꾸러미가 풀려 돈이 바닥에 와르르 쏟아졌다. 이들은 황망하게 돈을 줍는 아주머니를 도와주었고 아주머니는 이들에게 고맙다고 한 후 떠났다. 그런데 잠시 후 그 친구가 미소를 짓더니 발 밑에 밟고 있던 엽전 한 닢을 주워 드는 게 아닌가? 린쩌쉬는 그 친구의 저열함을 똑똑히 기억해 두고 있었다. 후에 린쩌쉬가 높은 자리에 오르자 그는 린쩌쉬를 찾아와 고향 친구로서 잘 봐달라며 부탁을 했는데 이때 린쩌쉬는 옛날 이야기를 꺼내며 그의 부탁을 일언지하에 거절하였다.

린쩌쉬는 현실 정치가이고 공즈쩐은 이상을 좇는 문인이다. 시중에 나와 있는 책들은 이 둘을 둘도 없는 절친처럼 엮어놓고는 있는데 글쎄……. 이런 사람 둘이 정치적 관점에 대한 교집합은 있을 수는 있어도 진짜 친구가 되었을까? 나는 그렇게 생각하지 않는다.

『기해잡시』

린쩌쉬가 광저우로 떠나고 얼마 되지 않은 1839년(기해년) 봄, 공즈쩐은 사표를 내고 관직에서 물러났다. 그리고 그해 6월에 북경을 떠나서 항저우로 향했다. 고향으로 내려가는 중에 그의 눈에 들어온 건 피폐해진 농촌과 아편에 찌든 인민들의 모습이었다. 그는 부패한 정치에 비분강개하고 나라와 백성을 걱정하는 격정적인 마음에 315수의 시를 썼고 그것들을 모아 만든 시집이 『기해잡시己亥杂诗』이다.

청 정부의 부패와 서양의 압박은 지식인의 민감한 감성을 강하게 자극했고 유달리 민감했던 공즈쩐의 절박함은 더욱 심했다. 그가 장쑤성 쩐장시 단양(镇江市丹阳)을 지날 무렵이었다. 당시 그 지역에 극심한 가뭄이 들었고 마을 사람들은 하늘에 기

미몽 속의 제국

우제를 올리고 있었다. 공즈쩐은 군중 속을 비집고 들어갔다.

"여기서 무얼 하시는 겁니까?"

옆에 서 있던 나이 지긋한 주민이 공즈쩐을 위아래로 훑어보더니 한숨을 내쉬며 말했다.

"보시다시피 우리 마을이 가물어서 올해 농사가 망하게 생기지 않았겠소. 그래서 마을 사람들이 돈을 모아 기우제를 지내려 합니다. 그런데 댁은 어디서 오셨소?"

"저는 경성에서 왔는데 고향인 항저우로 가는 길입니다."

"경성에서? 항저우로? 공즈쩐 선생도 고향이 항저우라 들었는데 혹시 경성에 있을 때 그분을 뵌 적이 있소?"

공즈쩐이 잠시 머뭇거리자 옆에 있던 다른 이가 말했다.

"이 사람아! 공선생 같은 천하제일의 문장가를 아무나 만나는 줄 알어?"

그제서야 공즈쩐이 신분을 밝혔다.

"사실은 제가 공즈쩐입니다."

그러자 그들은 깜짝 놀라며 "여기 공 선생님이 오셨소!"라고 외쳤고 순식간에 그는 마을 사람들에 의해 에워싸여졌다. 당대 최고의 문장가인 공즈쩐이 왔다는 말에 마을 어른들은 그를 극진히 접대하며 기원문을 써 줄 것을 부탁했다.

"공 선생님, 불쌍한 저희 마을을 위해 청사를 부탁드리겠습니다."

"어르신, 저는 청사를 쓰는 사람이 아닙니다. 그리고 비가 안 오는 건 청사를 쓴다고 될 일이 아닙니다."

"아닙니다. 공 선생 같은 천하제일의 문인이 청사를 못 쓰면 누가 쓴답니까? 저희 마을 꼴을 보십쇼. 이대로라면 다들 굶어 죽게 생겼습니다. 제가 우리 마을을 대표해서 이렇게 부탁드립니다."

도가에서 하늘에 보내는 기원문은 푸른 종이에 적었으므로 '청사(青詞)'라 했는데 이 청사를 쓰는 것에는 나름의 법칙이 있었기에 아무나 할 수 있는 게 아니었다. 마을 사람들은 최고의 문장가인 공즈쩐이 쓰는 청사는 분명 훌륭한 글일 것이고 자신들의 간절함이 하늘에 더 잘 전달될 것이라 믿었다. 공즈쩐은 몇 번 거절했으나 마을 사람들이 간절히 부탁하는 바람에 결국은 승락할 수밖에 없었다. 한참을 고민한 후 그는 팔을 걷어붙이고 붓을 들어 시를 써내려 갔다.

九州生气恃风雷
바람과 번개만이 구주에 생기를 불어넣어 줄 수 있는데,
万马齐喑究可哀
만마가 모두 조용하니 결국은 슬픈 일이다.
我劝天公重抖擞
나는 옥황상제에게 권하노니 다시 정신을 가다듬어
不拘一格降人材
격식에 구애받지 말고 인재를 내려주시기를 바란다.

『기해잡시 己亥杂诗』의 125번째 시인 이 시는 생전에 마오쩌둥이 애송했다고 하여 유명해졌고 현재 중국 중학교 국어 교과서에도 수록되어 있다. 이 시에서 공즈쩐은 청 왕조의 인재 발탁 시스템에 대한 비판을 하며 결국은 자신은 부패하고 우매한 청 왕조 때문에 중용되지 못하고 능력을 썩히고 간다는 원망의 감정을 드러냈다. 이 시를 의역하자면 이렇다.

하늘을 뒤흔드는 거대 변혁만이 이 나라에 생기를 불어넣어 줄 수 있는데,
정치인들은 모두 입을 다물고 있으니 그 끝은 비극일지어다.
황제, 당신에게 권하노니 새롭게 정신을 차리고 진작하여,
격식에 구애받지 말고 인재를 선발할지어다.

이 글을 받은 마을 사람들은 어리둥절했다. "비를 내려달라는 청사를 써달랬더니 비 얘기는 한마디도 없네."라고 하는 사람들이 대부분이었겠지만 그중에는 공즈쩐의 뜻을 간파하고 이것이 후에 문제가 될 것이라 여긴 사람도 있었을 것이다. 이 청사가 채택되었는지는 모르겠다. 분명한 건 이런 공즈쩐의 거침없는 비판이 황제를 비롯한 권력층을 심히 불편하게 만들었을 것이라는 점이다. 석연치 않은 갑작스러운 그의 죽음도 이와 무관치 않을지도 모른다.

10장

웨이위엔(魏源)

웨이위엔(魏源)

후난성 샤오양시(湖南省邵阳市)는 후난성 중서부에 위치한 인구 650만 명의 지급시[49]이다. 베이징에서 고속도로로 1,660㎞나 되지만 고속전철을 타면 7시간 남짓이면 도착한다. 샤오양시 기차역에서 내리면 눈앞에 넓은 광장이 펼쳐지는데, 광장 초입에 청나라 관리의 복장을 하고 한손으로 뒷짐진 자세를 한 거대한 동상이 눈에 띈다. 샤오양시에서 가장 큰 광장인 이곳의 이름은 "웨이위엔(魏源) 광장"이고 이 동상은 바로 "웨이위엔(위원)"이다. 샤오양시에서 웨이위엔의 이름을 볼 수 있는 건 이곳뿐이 아니다. 종합병원인 웨이위엔 의원(魏源医院), 웨이위엔 중고등학교(魏源实验中学), 샤오양 대학교의 부속 대학인 웨이위엔 국제학원(魏源国际学院), 웨이위엔 호텔(魏源国际大饭店), 웨이위

---

49) 중국의 도시는 직할시, 지급시, 현급시 등으로 분류되는데 지급시(地级市)란 성(省) 관할의 지방 중대형 도시라 보면 된다. 전국에 300여 개의 지급시가 있으며 후난성에는 13개가 있다.

미몽 속의 제국

엔 온천(魏源温泉) 웨이위엔로(魏源路), 웨이위엔대도(魏源大道), 웨이위엔 고택(魏源故居) 등 무수히 많은 웨이위엔을 접할 수 있다. 2020년 1월 20일에는 웨이위엔 국제 투자 그룹이 웨이위엔 호텔에서 400여 명의 직원과 함께 춘절 연회를 열었다. 이런 걸로 봐서 우리에게는 생소한 이 사람이 적어도 샤오양 시민들에게는 매우 특별한 존재이며 나아가서 중국인들에게도 꽤 인지도 있는 인물일 거라는 걸 짐작할 수 있다. 웨이위엔은 과연 누구일까?

웨이위엔은 1794년에 오늘날의 후난성 샤오양시 회룡현의 중산층 지식인 가정에서 태어났다. 그해는 메카트니 통상 사절단이 열하를 방문한 지 1년 후였고, 건륭제가 아들에게 황위를 물려주기 1년 전이었다. 그의 집은 할아버지 대까지는 그 지역에서 꽤 사는 집안이었으나 그가 열 살 때 물난리를 겪고 가산에 큰 손실을 보면서 집안 형편이 급속도로 기울었다.

그는 어려서부터 남달랐다. 아홉 살 때 이미 과거제의 가장 첫 단계 시험인 동시(童试)에 응시하였다. 시험장에 가는 도중 아버지는 그에게 따끈따끈한 밀병을 두어 장 사줘서 품 안에 품게 하였다. 온기를 품어 추위를 떨치게 하기 위함이었다. 시험이 시작되자 출제관은 '태극' 무늬가 그려져 있는 찻잔을 들며 이렇게 읊었다.

"잔 속에 태극을 품고 있네 杯中含太极."

이 수에 대한 대구를 만들라는 것이었다. 이때 어린 웨이위엔은 품 안의 밀병을 만지면서 이렇게 말했다.

"배 속에 건곤을 품고 있네 腹内孕乾坤."

출제자인 현령이 물었다.

"왜 건곤(乾坤)인고?"

"건곤은 하늘과 땅을 상징합니다. 이 밀병은 하늘이 내린 햇빛과 비를 받아 땅에서 자란 것으로서 곧 건곤이라 말할 수 있습니다. 저는 이 밀병을 먹으면서 장차 천하를 이롭게 하는 사람이 되고자 다짐합니다."

"어허! 정말로 총명하고 포부가 있는 아이로구나."

그는 1810년 17살의 나이로 수재에 합격하였고 이듬해에 세시(향시의 모의고사 같은 것)에서 우수 장학생에 뽑혀 장학금을 받았다. 19살인 1812년에 양저우 통판(通判)의 딸과 정혼하였다. 명청 시대의 통판은 지부(知府, 시장)의 아래 단계 직책으로 동지(同知)와 같은 급이라 보면 된다. 웨이위엔의 부친 웨이방루(魏邦魯)는 평생을 지방의 실무급 관리에 머물렀으나 사람이 올곧고 교양과 인품이 뛰어나 직급을 뛰어넘는 광폭 인맥을 가진 사람이었다. 그런 부친의 후광과 인맥이 성인이 된 웨이위엔에게 보이지 않게 큰 도움이 되었다. 웨이위엔이 정6품인 통판의 딸과 결혼한 것이나, 그에게는 인생의 은사라 할 수 있는 리우펑루, 타오슈, 린쩌쉬, 허창링 등 경세파 거물 관료들을 알게 된 것은 모두 부친 웨이방루의 인맥과 관련이 있었다.

웨이위엔은 1813년에 후난성의 중심 도시인 창사(長沙)로 와서 후난성의 명문 악록서원(岳麓书院)에 입학하였고 바로 그해에 발공생으로 선발되었다. 발공(拔贡)이란 지방의 생원(수재)

중에서 성적과 품행이 우수한 사람을 선발하여 바로 국립대학인 국자감에 입학시키는 오늘날로 비유하자면 '서울대 지방 인재 특별전형'이라고 말할 수 있다. 청 왕조 초기에는 6년에 한 번씩 뽑았는데 건륭 7년(1742)부터는 12년에 한 번씩 뽑았다. 청년 웨이위엔에게는 과거에 급제하여 관리로서 성공가도를 달릴 가능성이 아주 커 보였고, 이에 가족들은 아들의 뒷바라지를 하기로 결심하였다. 그래서 이듬해에 웨이위엔의 온 가족이 베이징으로 상경한다. 린쩌쉬의 부친과 마찬가지로 웨이방루 역시 재능이 보이는 아들의 교육과 출세에 모든 것을 바치듯 했다.

'강건성세'에 가려진 실상을 목도하다

당시 샤오양에서 베이징까지는 한 달 반에서 두 달이 소요되는 거리였다. 자식의 교육에 끔찍이도 신경을 썼던 웨이방루는 상경하는 여정 중에 이곳저곳 역사 유적지와 사당 등을 들르며 역사적 인물에 대해 가르쳐주고 토론하였다. 그래서 이들의 여정은 수개월이 걸렸다. 그러나 사적보다도, 선열들의 과업보다도 훨씬 크게 웨이위엔을 각성시킨 건 지나가면서 수없이 목도한 당시 농촌의 참상이었다.

고향에서 베이징으로 가는 긴긴 여정 동안 웨이위엔은 청 정부의 부패와 실정으로 피폐해진 농촌의 실상을 목도하게 된다. 지방 정부가 수리(水利) 사업을 하지 않아 홍수에 취약해진 마을은 한번 수재에 모든 것을 잃었다. 황하 강변에는 시체들이 널려있었고 농민들은 헐벗고 굶주렸다. 먹을 것이 없어서 나무 껍질을 먹었고, 풀을 캐 먹다가 독초를 먹고 죽는 사람도 있었다. 이 모든 것이 비참하기 짝이 없었다. 그러나 청 정부는 이를 알면서도 외면했다. 사적을 방문하면서 마음속에 기렸던 조상의 위대함과 현재 눈앞에 보이는 참상이 대비되면서 스물한 살의 청년 웨이위엔에게는 자연히 청 정부에 대한 강한 비판 의식이 생기게 되었다.

"자기 나라 백성들의 추위와 배고픔도 해결하지 못하는데 요순이 무슨 소용이 있겠는가?"

『경세문편』

3년간의 국자감 교육 과정을 마치고 그는 한학의 대가 밑에서 한학을 배우고 송학의 대가 밑에서 송학을 배웠다. 그러나 후에 웨이위엔은 이 둘에 대해 모두 날카로운 비판을 하게 되는데, 이는 한학과 송학이 경세를 배우고자 하는 그의 갈증을 해소해 주지 못했다는 것을 말해준다. 그는 "낡아빠진 유학"을 배우는 게 국가 경제와 민생에 아무 도움이 안 되고, 치국과 안보에 아무런 효용이 없다는 것을 절실히 깨달았다. 결국 1819년에 그는 금문경학의 장문인(掌門人)인 리우펑루(유봉록)의 문하로 들어갔고 거기서 공즈쩐을 알게 되었다.

리우펑루를 통해 린쩌쉬를 만나보긴 하였지만 당시에는 두 사람의 나이와 신분의 차이가 너무 커서 그리 깊게 교우하진 못했다. 아직 거인 타이틀도 못 딴 청년이 진사 출신의 한림원 관리와 교류할 기회는 크게 없었을 것이기 때문이다.

1820년 웨이위엔은 6년간의 베이징 생활을 접고 가족들과 장쑤성 양저우로 이동하였다. 이때 부친 웨이방루가 장쑤성의 조패국에 자리를 얻었기 때문이다. 그리고 2년 후인 1822년에 장쑤성 향시에 2등으로 합격하여 거인(擧人) 타이틀을 땄다. 그의 나이 29살이었을 때였다. 보통 사람이라면 29살에 거인이 된 것이 그리 늦었다고 볼 수는 없다. 그러나 웨이위엔이 어릴 적 보여준 천재성과 공부한 시간에 비하면 거인이 되기까지 의외로 많은 시간을 소비했다고 할 수 있다. 이는 왜일까? 무엇보다도 공즈쩐과 마찬가지로 그의 관심사가 과거 시험에는 전혀 도움이 안 되는 경세학에 있었다는 점, 여러 경세파 인사들과 교류하는 데에 시간과 노력을 많이 쏟았다는 점을 들지 않을 수 없다. 이는 후에 그가 진사에 도전하는 과정에서 공즈쩐과 비슷한 운명을 맞게 되는 이유이기도 했다.

바로 이듬해에 호기 있게 회시에 응시하였으나 과거제도가 규정하는 번잡한 스타일에 따라 답안지를 작성하지 않았기에 낙방하였다. 나이가 서른이 넘은 그는 더 이상 공부만 할 수는 없다고 판단하고 1825년에 장쑤성 포정사 허창링(賀長齡)의 모집에 응하여 그의 밑에서 보좌관으로 일하였다. 그의 첫 직장 상사였던 허창링은 역시 후난성(湖南) 출신의 경세파 인사였고 이미 부친 웨이방루와 친분이 있었다.

이듬해에 허창링과 웨이위엔은 의미 있는 작업을 하나 하였는데 그것은 『황조경세문편皇朝经世文编』 120권을 편집·간행한 일이었다. 줄여서 『경세문편』이라고 부르는 이 전집은 청 초기부터 도광 2년까지 나온 '경세치용' 사상을 담은 각종 저술, 즉 정부발행문서, 정책주청서, 학술논문, 서신, 칼럼 등을 총망라하여 수집한 후 그것을 학술, 정치, 관리임용, 재정, 교육·외교, 국방, 사법, 인프라의 여덟 개 분야로 분류하여 정리한 산문집이다. 원래 건륭제 때의 지방관이던 육요(陆耀)란 사람이 청초에서 건륭제 때까지의 학술논문, 주청서 등을 모아서 정책의 실제 득실, 민생에의 영향 등을 분석한 30권짜리 『절문재문표切问斋文钞』라는 걸 간행하였는데, 허창링·웨이위엔의 『경세문편』은 이를 기반으로 하였다. 『경세문편』이 직접 저술한 것이 아닌 편집물이긴 하지만 그 안에는 700여 명의 2,236편의 산문이 수록되어 있는 당시로서는 그야말로 경세 사상의 백과사전이라 할 수 있었다. 이는 '경세치용' 사상의 부밍에 매우 큰 영향을 끼쳤고, 그 이후로 많은 사람들에 의해 『황조경세문속편』, 『황조경세문삼편』, 『황조경세문사편』, 『황조경세문총편』, 『황조경제문편』 등의 총 15편의 유사한 책들이 그 뒤를 이었다.

그로부터 17년 후인 1843년, 추사 김정희의 제자이자 역관인 이상적은 베이징에서 이 책의 전집을 어렵게 구해서 제주도에 유배 중인 김정희에게 보내준다. 봇짐으로 나른다면 장정 세네 명을 써야 할 분량이었다. 평소에 『경세문편』의 일독을 희망했던 김정희는 자신이 중국에 사신으로 가서 구해오고자 했으나

미몽 속의 제국

정치 사건에 휘말려 그만 유배자의 신분이 되고 말았다. 중국에서 아편전쟁이 벌어지고 있을 때 조선은 안동 김씨의 세도정치가 극에 달했던 암울한 시기였다. 김정희는 그토록 읽고 싶었던 책을 유배지에서 전집으로 받고는 너무 감동하였고 그 고마움의 표시로 이상적에게 《세한도》를 그려주었다. 그렇게 탄생한 《세한도》에는 당시의 암울한 현실과 제자 이상적에 대한 고마움이 표현되어 있다.[50]

호남(湖南) 인맥

1825년 5월에 허창링이 임시로 맡고 있던 장쑤성 순무 자리에 타오슈(陶澍)가 부임해 왔다. 타오슈(1779~1839)가 누구인가? 역시 후난(호남)이 고향인 그는 "호남의 경세파 제1 인물(第一人)"로 불린다. 중국어로 "제일(第一)"이라 하면 "최초"라는 뜻도 되지만 "최고"라는 뜻도 있다. 타오슈 역시 린쩌쉬, 웨이위엔과 더불어 19세기 초 중국의 경세파 그룹에서 매우 큰 지위를 차지하고 있는 관리였다. 하지만 이 사람에 대해 길게 설명할 수가 없으므로 "호남의 경세파 제1 인물"이라는 그의 별명으로 이 사

---

50) 『경세문편』은 1840년 사신으로 베이징을 다녀온 이정리에 의해 처음 조선에 전래된 것으로 보이며 박규수도 이 책을 읽었던 것으로 보인다(환재 박규수 연구). 중국의 문물에 관심이 많았던 김정희는 1840년 사신단 선정을 눈앞에 두고 안동김씨의 공격을 받아 제주도로 유배 보내어진다. 김정희의 제자인 역관 이상적은 1842년 10월~1843년 3월에 동지사 수석 역관으로 베이징에 머물면서 『경세문편』 전집을 구매해 조선으로 가지고 들어왔고 이를 다시 제주도로 부쳐준다.

람의 모든 걸 대변하고자 한다.

1826년, 허창링의 모친이 별세했고, 떠나기 전 그는 고향 후배이자 부하 직원인 웨이위엔을 고향 선배이자 상관인 타오슈에게 소개했다. 이렇게 해서 웨이위엔은 타오슈의 막부로 들어가게 된다(1827). 허창링과 타오슈는 같은 후난(호남) 사람이고 둘 다 악록서원 출신이며 정치적으로는 경세파, 아편 엄금파로 그전부터 서로 친분이 있었다. 중국인들은 학연에는 연연하지 않지만 지연은 그 어느 나라보다 강하다. 웨이위엔이 그의 초기 경력에서 이들 후난성 출신 경세파 관료들의 이끔과 지도를 받은 것은 그에게 있어 아주 큰 발판이었다.

린쩌쉬에게 장스청이 있었다면 웨이위엔에게는 타오슈가 있었다. 타오슈는 경제적으로 어려웠던 시절에 웨이위엔의 조부 웨이즈순(魏志顺)로부터 도움을 받은 적이 있었기에 웨이(魏)씨 가문에 고마운 감정을 가지고 있었다. 또한 당시 양저우에서 하급관리를 하던 웨이위엔의 부친 웨이방루(魏邦魯)의 청렴함과 강직한 인품을 높이 평가하고 있었기에 직급의 차이에도 불구하고 이 둘은 서로 친구로서 교류하였다. 사료에는 정2품의 장쑤성 순무 타오슈가 9품의 하급 관리인 웨이방루에게 "예로서 대하고 하급 관리로 대하지 않았다."라고 한다. 자연히 그의 아들이자 고향 후배이자 총명한 참모인 웨이위엔은 타오슈에 의해 중용된다.

장쑤성 순무 타오슈의 밑에서 웨이위엔은 조운과 수리 등의 일을 도왔다. 이때 그는 조운 정책을 다룬 『주조편籌漕篇』, 소금

정책을 다룬『주차편籌鹺篇』, 수리 정책을 다룬『호광수리론湖广水利论』등을 저술하였다. 18세기 말에서 19세기 초 중국의 경세파 관료들이 가장 중점적으로 다뤘던 분야가 바로 조운, 수리, 소금 유통과 같은 분야였다. 린쩌쉬 역시 조운과 수리 사업에서 실적을 세워 고속 승진하였다. 웨이위엔은 실제 지방 행정을 보좌했던 경험이 있고 현장에서 필요한 정책을 수립했던 실천적 사상가였다는 점에서 이론과 사상적 측면에만 치우쳤던 공즈쩐과는 다소 차이가 있다.

린쩌쉬와 다시 만나다

1827년 7월, 린쩌쉬가 장쑤성 포정사(布政使)로 부임해 왔다. 린쩌쉬는 그가 한림원 초급 관리를 지냈던 1810년대 후반부터 타오슈를 알고 지냈고 이 두 정치 선후배는 경세치용, 아편엄금과 같은 정치 성향에 있어서 서로 궁합이 맞았다. 당연히 이 둘은 장쑤성의 행정, 사법 등의 일에 있어서 의기투합하였고 타오슈의 참모인 웨이위엔이 린쩌쉬에게 소개되었다. 앞서 설명했듯이 포정사라는 건 성의 CFO와 같은 직책이므로 원칙적으로는 성의 CEO인 순무의 지휘를 받지만, 실질적으로는 서로 협업을 해야 하는 사이였다. 품계도 종2품으로 동일하다. 그러므로 타오슈의 참모인 웨이위엔이 자주 린쩌쉬와 업무적으로 교류할 수밖에 없었고 이때 린쩌쉬는 웨이위엔이란 사람을 다시 보게 된다. 당시의 린쩌쉬는 장쑤성의 지방관으로서 이미 네 번째 부임이었으므로 장쑤성의 행정과 조운, 수리 문제에 대해 빠삭히 알고 있었고 타오슈와 웨이위엔은 많은 것을 그에게 의존했을 것이다.

린쩌쉬가 장쑤성 포정사로 있던 시기는 1827년 7~10월로 그리 길지 않았다. 10월에 그의 부친이 별세했기 때문이다. 하지만 장쑤성 순무와 포정사는 둘 다 관저가 쑤저우에 있었기에 타오슈와 린쩌쉬는 업무가 끝난 후 종종 개인적인 술자리를 가졌고 이 3개월의 시간 동안 그들은 지난 10년간 만났던 것보다도 더 잦은 만남을 가졌다. 어느 날이었다.

"원무(린쩌쉬), 오늘 내 누군가를 소개해주려 하네. 이 분이 관직은 낮으나 교양이 있고 아주 청렴하기로 소문난 사람이라네."

"사적으로 만나는 자리에서 관직이 무슨 문제입니까? 저는 그런 거 상관 안 한다는 거 형님이 잘 아시잖습니까. 그런데 누구입니까?"

"만나서 소개하겠네."

이들이 방에 들어서자 먼저 와 있던 나이가 지긋한 남자가 일어서서 두 손을 모아 가슴 앞으로 올리며 이들에게 인사를 하였다.

"양저우 순검사 웨이방루가 순무 대인과 포정사 대인께 인사드립니다!"

"원무, 이 분은 우리 성 순검사(巡检司)로 있는 웨이방루라고 하네. 내가 자네한테 소개시키려고 양저우에서 오시라 했지."

"임 대인(大人)의 명성은 익히 들어왔습니다!"

린쩌쉬와 웨이방루는 두 손을 가슴 앞으로 올리며 인사를 하다가 서로를 알아봤다.

"혹시 경성에서 만나 뵌 적이 있던가요?

린쩌쉬가 먼저 물었다.

"맞습니다. 저도 임 대인을 기억합니다. 아들놈 과거 시험을 뒷바라지하느라 잠시 경성에 머물렀던 적이 있었는데 그때 신보(리우펑루) 선생님 소개로 대인께 인사를 드린 적이 있었죠."

타오슈가 린쩌쉬에게 물었다.

"원무, 종육(钟毓)[51] 선생의 아들이 누군지 아는가?"

"그러면 혹시, 묵심(웨이위엔)의 부친 되시는지요?"

이렇게 해서 타오슈, 린쩌쉬, 웨이방루는 서로 친구가 되었다. 나이는 웨이방루가 린쩌쉬보다 17살이나 많은 연장자였기에 사적인 자리에서 이들은 직급을 떠나서 웨이방루에게 깍듯하게 대했다. 웨이방루는 과연 소문대로 청렴하고 강직한 성품의 사람이었다. 린쩌쉬는 그가 공부를 많이 하였으면 훌륭한 관리가 되었을 거라 생각하였고, 그럴수록 그의 아들인 웨이위엔을 더 관심 어린 눈으로 보게 되었다.

---

[51] 웨이방루(魏邦鲁)의 자(字)

순탄치 않은 과거 시험의 길

1829년에 웨이위엔은 타오슈의 막부에 사표를 내고 상경하여 세 번째로 회시에 응시하였다. 이때 시험관 중 한 명이 바로 그의 스승이었던 리우펑루였다. 웨이위엔의 재능을 높이 평가하고 있던 리우펑루는 그의 답안에 좋은 평을 주었을 것이다. 그러나 결과는 불합격이었다. 답안에 당시 시정을 언급했다는 이유에서였다. 같이 응시한 공즈쩐도 비슷한 운명을 맞았다. 리우펑루는 이들의 낙방을 매우 애석해하며『양생행兩生行』이라는 시를 지었고 이로써 "공·웨이(龔·魏)" 이 둘의 이름이 '용기 있고 깨어있는 지식인'으로 세간의 주목을 받기 시작했다.

웨이위엔은 더 이상 진사 시험에 매달리는 건 의미가 없다고 판단하고 '내각중서사인(内阁中书舍人)'이라는 하급직에 기부 입사를 하였다. 내각이란 명대에는 최고 권력기관이었으나 청대에 와서 군기처라는 새로운 권력기관이 생기면서 이들은 궁내 문서를 정리하거나 베껴 쓰는 일을 하는 한림원의 비서 조직 정도로 전락하였다. 사인(舍人)이란 종7품의 하급 직책으로 내각 중서사인은 중앙관직으로서는 말단이나 다름없었다.

1830년, 부친상을 마친 린쩌쉬가 베이징에 올라와서 약 반년을 머물렀고 이때 웨이위엔은 린쩌쉬와 재회하여 문학적, 사상적, 정치적 교류를 하였다. 1827년 쑤저우서 린쩌쉬와 오버랩된 몇 개월이 그가 업무적으로 좋은 인상을 준 시기였다고 한다면, 1830년 베이징에서의 반 년 동안은 린쩌쉬와 사상적인 교류를 하며 정치적으로 동지애를 형성하던 시기였다. 물론 이들이 만나는 자리에는 공즈전도 항상 함께였다.

린쩌쉬와의 황금시기

웨이위엔의 베이징 생활은 그리 오래가지 않았다. 1830년 타오슈가 양강 총독으로 승진했고 이듬해에 웨이위엔은 그의 콜을 받았기 때문이다. 중앙 하급직으로서 허드렛일이나 하고 있느니 양강 총독의 막부로 들어가 능력을 발휘하는 게 더 낫다고 생각한 그는 총독부가 있는 난징(南京)행을 택했다. 양강 총독은 상하이를 포함한 장쑤성, 장시성, 안후이성을 관할하였다. 비슷한 시기 린쩌쉬 역시 허난 포정사, 하도 총독(산동) 등으로 발령받아 지방을 돌았다.

그리고 다시 1년 후인 1832년 6월에 린쩌쉬는 장쑤성 순무로 승진·발령 받아 산동성에서 운하를 따라 장쑤성 쑤저우로 이동하였다. 때는 에머스트호의 상해 입항 사건으로 상황이 급박하게 돌아가고 있던 중이었고, 타오슈와 웨이위엔은 린쩌쉬와 대처 방안을 상의하기 위해 30㎞를 한 걸음으로 마중 나가 장강과 대운하가 만나는 곳인 쩐장(鎭江)이라는 곳에서 재회했다.

"양이를 절대 내륙으로 들이지 말고 빨리 쫓아내라."라는 황제의 엄명도 있었고 또한 이들이 아편을 가지고 있을지도 모른다는 생각을 하고 있었던 타오슈와 린쩌쉬는 에머스트호 입항에 대해 단호하게 대처해야 한다는 것에 의견을 같이했다. 에머스트호는 린쩌쉬가 부임지인 쑤저우에 도착하고 3일 후에 출항하였다. 그러나 한편 서양에 대한 호기심이 많은 웨이위엔은 '양이들의 세상에 대해 궁금한 게 많은데 이들을 직접 만나서 심문했으면 좋았을 것을.'이란 아쉬움을 갖기도 했다.

다시 한번 뭉친 타오슈와 린쩌쉬는 환상의 케미를 발휘하며 장쑤성의 농업, 염업, 조운, 수리, 재난지원, 화폐, 행정 등 다방면의 개혁을 추진하였다. 당연히 타오슈의 브레인인 웨이위엔은 이들을 보좌하며 각종 회의에 참석하였고 여러 가지 개혁의 기획과 실행에 참여하였다. 1837년 정월 린쩌쉬가 호광총독으로 영전하기 전까지 이 4년 반의 시간은 웨이위엔에게나 린쩌쉬에게나 황금 같은 시기였다. 웨이위엔에게 있어서는 자신의 경세 사상을 실전에 적용하는 시간이었고, 두 거물 경세파 관료를 상관으로 모시며 교류하는 소중한 시간이었으며, 자신의 사상과 능력을 린쩌쉬에게 인정받는 중요한 시기였다. 마찬가지로 이 시기는 린쩌쉬에게 있어서 장쑤성 백성들의 존경과 황제의 신임을 온몸에 받는 영광스러운 시간이었고, 무엇보다도 웨이위엔이라는 후배의 진정한 훌륭함을 발견하고 서로 우정을 쌓아갔던 시간이었다.

투자가적 안목

웨이위엔은 1835년에 타오슈의 막부에 사표를 내고 자신이 사둔 양저우 저택으로 옮겨와서 저술 활동에 전념하였다. '결원 (絜園)'이라 불리는 이곳은 마당, 주택, 연못, 석교, 인조산(假山), 죽림(竹林) 등으로 꾸며진 면적이 2,600㎡가 넘는 호화 저택이다. 그는 이곳 말고도 난징성 서쪽 청량산 아래 오용담 근처에 초당을 만들어 '호자초당(湖子草堂)'이라 이름 짓고 거기서도 독서와 저술 활동을 하였다. 장쑤성의 두 노른자 땅에 저택을 지을 정도로 그가 부자였던가? 그의 젊었을 시절에는 분명 그리 넉넉지 못했을 것이다. 부친의 직급이 낮았고 자신도 직급이 높지 않았기 때문이다. 그런데 그가 갑자기 양저우와 난징에 집을 두 채씩이나 산 것은 다소 의아스럽다.

웨이위엔이 이 저택을 구매할 수 있었던 건 그가 장쑤성에서 타오슈의 참모로 있었을 때 건의하여 추진했던 소금 정책과 관련이 있다. 그는 소수 염상들의 독과점에 의해 움직이는 '강염제(纲盐制)'를 폐지하고 중소 상인들에게 소금 유통업을 허용하는 '표염제(票盐制)'로 바꿀 것을 건의하였다. 그리고 이것이 채택되어 장쑤성의 소금업과 지역 경제가 활성화되는 효과를 거두었고 이는 그의 대표적인 업적 중 하나이다. 이때 웨이위엔 자신도 약간의 돈으로 소금업에 투자하였는데 이것이 그에게 커다란 이익을 가져다주었다고 한다. 이는 오늘날의 공무원 윤리 기준으로 봤을 때는 의심을 살 만한 일이지만 당시로서는 문제가 되지 않았을 수도 있다.

부에 대한 태도, 부에 대한 성패도 그 사람을 판단하는 중요한 근거가 될 수 있다. 웨이위엔이 소금 산업이 재편되는 과정에서 투자를 통해 꽤 큰 돈을 벌었다는 사실은 그가 단순한 서생이 아니라 투자가의 안목과 다양한 인맥을 가지고 있던 사람이었다는 걸 뜻할 수도 있다. 투자가의 안목을 가지고 있는 사람은 세상에 대해 호기심이 많으며 세상의 변화에 민감하게 반응한다. 예를 들어 만약 똑같은 상황이 린쩌쉬에게 주어졌더라면 그 역시 투자를 하여 돈을 벌었을까? 절대 그렇지 않았을 것이다. 린쩌쉬는 월급을 모으는 것 말고는 아무 생각도 안 했을 것이다. 공즈쩐은 어땠을까? 그는 감정적인 투자를 하여 돈을 다 날렸을 것이다. 웨이위엔은 당시의 경세파 중에서도 서양에 대한 호기심이 많고 서양 문물을 배울 것을 적극적으로 주장한 인물로 평가받는데 이러한 그의 성향과 그가 한때 투자로 돈을 벌었다는 것이 서로 무관하지만은 않을 수도 있다.

『묵고默觚』

웨이위엔은 양저우 결원에 거주하고 있을 시 『묵고默觚』라는 걸 저술하였는데 이에는 그의 학문관과 정치사상이 아주 잘 드러나 있다. 묵(默)은 웨이위엔의 호이고 고(觚)는 옛날에 글자를 쓰던 휴대용 목판이므로 묵고란 '웨이위엔의 메모장'이란 뜻이다. 1836년쯤이었을 것이다. 어느날 웨이위엔이 린쩌쉬가 있는 쑤저우를 방문하였고 린쩌쉬는 그를 반갑게 맞이하였다. 이날 저녁 이들은 술잔을 기울이며 지난 일을 이야기하다 4년 전의 '에머스트호 사건'에 대해 이야기하기 시작했다.

"어르신, 임진년 일에 조금 아쉬움이 남아있지 않으신지요?"

"자네와 나는 생각이 비슷하군. 그렇다네, 아쉬움이 있지. 그때 내가 조금만 일찍 부임했더라면 양이들에 대해 좀 더 많은 정보를 얻을 수 있었을 걸세."

"맞습니다. 무조건 쫓아내는 데에만 급급했지 이들이 주장하는 것이 무엇이며 이들이 사는 곳은 어떠한지에 대해서도 제대로 파악하지 못했습니다. 그거 들으셨습니까? 당시 그 배의 선장이 소동파의 고사를 인용하면서 우리 쪽의 무례를 지적했다는 거."

"그런 일이 있었나?"

"예. 당시 상해 도대 우치타이(吳其泰)가 저들을 '오랑캐'라 지칭했더니 호하미(胡夏米, 헤밀튼 린지)가 이렇게 말했다 합니다. 그것도 중국어로 말입니다. "소동파가 말하길 '이적(夷狄, 오랑캐)은 중국의 법으로 다스리면 안 된다'고 하였는데 ……… 만약 대영제국 국민을 오랑캐라고 한다면 이는 곧 본국의 체면을 능멸하는 것이고 도발하는 것이니 (이를 들으면) 우리 국민은 격노하여 (중국과) 원수가 되고자 할 것이다."라고 말입니다. 이 말을 듣고 우치타이가 깜짝 놀라 한 발 물러서서 '이 오랑캐 배'를 '이 상선'으로 고쳐 말했다고 합니다."

"허, 저쪽은 우리를 꿰고 있는데 우리는 저들에 대해 아는 게 하나도 없구먼."

"제 얘기가 바로 그겁니다. 저들이 인도를 식민지로 만들고 이렇게 먼 데까지 와서 교역하는 것을 보면 분명 저들 나라 또한 문명이 높고 기술이 매우 발달해 있을 것 같습니다. 저들은 분명 저들만의 질서가 있을 텐데 조공을 하지 않는 나라라고 사신을 내치는 건 이치에 맞지 않는 것 같습니다."

"그렇다네. 저들이 인도나 남양의 국가들에 하는 것을 보면 분명히 순수한 의도만은 아닌 것 같은데 한편으로는 우리가 문을 닫고만 있는 게 능사는 아니거든. 그게 우리가 처한 고민이지. 저들이 우리보다 훨씬 앞선 기술을 가지고 있을지도 모른다네. 아편은 아편대로 단속을 하되 합법적인 교역은 열어두어야 한다는 게 내 생각이네."

그러다가 이들의 주제는 현실 정치에 대한 비판으로 옮겨왔다.

"자네는 우리 대청(大淸)의 가장 큰 문제가 뭐라 생각하나?"

"군주가 바로서야 하는 것과 인재를 바로 쓰는 것에 있다고 생각합니다."

"음… 계속해 보게."

"만사는 근본이란 게 있지 않습니까? 근본을 지키면 항상 남음이 있고 근본을 잃으면 항상 부족한 법입니다. 군주는 백성의 안위를 위해 존재해야 합니다. 이것이 군주가 존재하는 근본적 이유이지요. 그런데 지금은 어떻습니까? 간신들에게 눈이 흐려져 언로가 막혀있고 백성의 안위는 나 몰라라 하고 있지 않습니까?

"이렇게 된 이유가 뭐라 생각하나?"

"사람은, 천지의 인(仁)이라 생각합니다…… 고로, 천자는 스스로를 민중 속의 한 사람으로 보고, 천하를 천하 사람들(天下人)의 천하로 봐야 하지요. 그런데 지금의 천자는 천하를 자기 것으로 보고 있으니 천하인들의 안위에는 관심이 없는 것입니다."

린쩌쉬는 다소 파격적인 생각이지만 일리가 있다고 생각했다. 웨이위엔이 말을 이었다.

"언로가 막힌 것도 큰 문제이지요. 태평성대 때 언로는 임금과 신하의 토론에 있고, 그다음 언로는 상소문에 있고, 그다음 언로는 노래에 있고, 그다음 언로는 사람들의 수다에 있고, 그다음 언로는 가슴속에 있는데, 언로가 가슴속에 있으면 그 세상이 어떤지 가히 짐작할 수 있습니다."

"오래되면 폐단이 생기며, 진리도 시간이 지나면 시대에 따라 변해야 합니다. 폐단을 제거하지 않고서는 흥할 수 없으며, 간소화하지 않으면 융통성 있게 대처하기 어렵습니다."

"자네 말이 맞네. 어쩌면 우리는 거대한 우물 안에서 수 백년을 지내 온 걸지도 모르네. 저 밖의 대양에 관심을 끄고 우물 안에서 지내다가 물이 점점 말라가고 있는 것을 애써 외면하고 있는 것일지도 모르지. 그래서 변혁이 필요하다는 자네 생각은 백 번 옳다네. 그러나 변혁은 말로만은 이뤄질 수 없을 걸세. 변혁을 이루려면 어려움을 헤쳐 나갈 수 있는 굳은 의지와 용기, 그리고 실력이 갖춰져 있어야 하네. 말과 글로 변혁이 이뤄질 것 같으면 벌써 이루어지지 않았겠나? 그래서 현실적으로 우리 같은 관리들이 해야 할 일은 부패한 관풍을 바로잡고 경세에 도움되는 인재를 길러내는 정책을 끊임없이 주청하는 것일세. 그것도 쉬운 일이 아니지. 자네 같은 인재가 아무리 좋은 사상을 글로 써낸다 한들 조정에서 천하 정책을 좌우하는 사람들이 관심을 가져 주지 않는 일이 올까 봐 걱정스럽네."

후세 사람들은 "공·웨이(龔魏)"라고들 부르며 공즈쩐과 웨이위엔을 서로 의기투합한 대표적 개량주의 사상가라 여기는데 사실 이 두 사람은 결이 달랐다. 공즈쩐은 사실 "성난 젊은이"였다. 린쩌쉬가 흠차대신으로 광저우로 떠날 때 공즈쩐은 같이 가서 도움을 주고 싶다는 의사를 밝히면서 적을 막는 계책을 편지에 설명했으나 린쩌쉬는 이를 '완곡하게 거절'하였다. "이 위험한 일에 정암(定庵) 자네를 끌어들일 수는 없네."라며 에둘러 말하긴 했지만 실은 린쩌쉬는 알고 있었다. 그가 별 도움이 안 될 거라는 것을. 사실 공즈쩐이 편지에 쓴 양이를 막는 계책이란 건 어떤 건 말도 안 되는 이야기이고 어떤 건 누구나 다 아는 원론적인 이야기였다. 오랜 실무 경험으로 잔뼈가 굵은 린쩌쉬와 현실비판만 하며 탁상공론과 같은 이야기를 해대는 공즈쩐과는 어느 정도 선이라는 게 있었을 것이다. 그러나 린쩌쉬와 웨이위엔, 이 둘의 관계는 달랐다. 린쩌쉬는 웨이위엔이 사상적 뒷받침과 현실적 안목을 모두 갖춘 사람이라 여겼고 그의 주장에 대부분 공감하고 있었다. 그래서 언젠가는 그에게 큰일을 맡겨도 좋겠다는 생각을 하고 있었다.

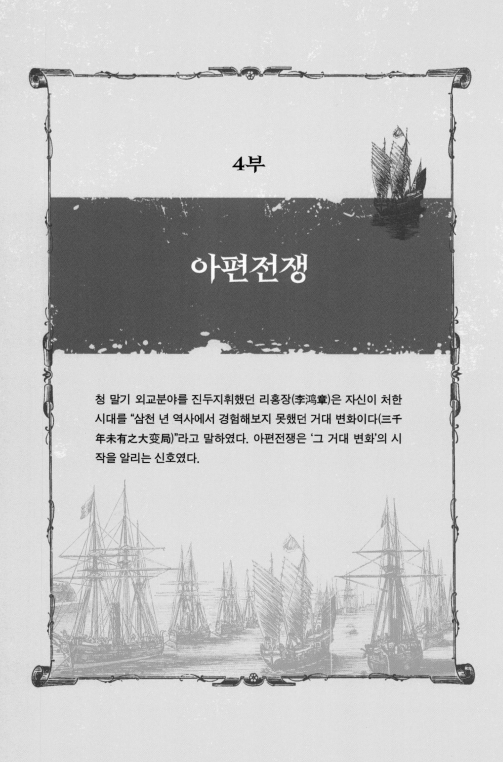

4부

아편전쟁

청 말기 외교분야를 진두지휘했던 리훙장(李鸿章)은 자신이 처한 시대를 "삼천 년 역사에서 경험해보지 못했던 거대 변화이다(三千年未有之大変局)"라고 말하였다. 아편전쟁은 '그 거대 변화'의 시작을 알리는 신호였다.

11장

호문 아편 폐기(虎門銷烟)

흠차대신

흠차대신 린쩌쉬는 1839년 3월 10일에 광저우에 도착했다. 흠차대신이란 특별한 사안을 처리하기 위해 황제의 권한을 부여받아 파견되는 비상설 특임장관 또는 특사이다. 쉽게 말하자면 황제를 대신해서 출장가는 사람이다.

어떤 때에 흠차대신을 파견하는가? 흠차대신을 파견하는 유형에는 세 가지가 있다. 하나는 지방 관리의 부패 혐의를 조사할 때이다. 앞서 나왔던 화신이 조정의 권신 반열에 들기 시작한 건 1780년(건륭 45년)에 운귀총독(云貴總督)과 관련한 거대 부패 스캔들을 밝혀내기 위해 흠차대신이 되어 윈난성(云南省)으로 보내진 것이 계기가 되었다. 이때 총독, 순무, 포정사 등등 줄줄이 목이 잘리면서 불과 서른 살밖에 안 된 화신이 스타가 되었고 그렇게 건륭제의 신임을 받게 되었다(그런데 역설이게도 화신 자신은 그 누구보다도 부정축재를 많이 한 사람으로 역사에 이름을 남겼다). 또 하나는 재난 구휼의 목적이다. 큰 자연재해가 발생했을 시 흠차대신을 보내 상황을 파악하고 지원책을 마련하도록 하였다. 세 번째는 하도(河道) 공사와 같은 거대 인프라 사업을 지휘하는 것이다. 여기에 한 가지를 더하자면 건륭제 말기와 가경제 시기로 들어와서 큰 민란이 많았고 이의 진압을 지휘하기 위해 흠차대신이 파견되기도 하였다.

황제의 특사 제도는 아주 옛날부터 있었지만 흠차대신이라는 이름을 쓴 건 명나라 때부터이다. 청나라는 명의 흠차대신 제도를 이어받았지만 명대와 달리 이 자리에 환관을 임명한 적은 한 번도 없었다.[52] 그리고 청 왕조는 명 왕조 때보다 훨씬 빈번하게 흠차대신을 파견하였는데 이는 그만큼 지방에 대한 관리와 사회 안정에 신경을 곤두세웠다는 뜻이다. 청대의 흠차대신에는 역할에 따라 여러 종류가 있었고 그 등급에도 종1품에서부터 정4품에 이르기까지 다양했는데, 그러다 보니 총독, 순무와 같은 높은 지방 장관과 마찰을 빚는 경우도 있었고, 또 어떤 경우는 지방관들이 흠차대신에게 뇌물을 주는 경우도 있었다. 이렇게 흠차대신의 폐해가 발생하자 청 정부는 중기로 가면서 흠차대신의 권한과 의무를 명확히 규정하고 그에 대한 의전까지도 등급에 따라 세분화된 규정을 만들었다. 이렇게 흠차대신의 힘을 제한하고 견제하는 장치를 마련하여 이들의 월권행위를 막고자 했다. 그래서 실제 대부분의 흠차대신은 우리가 생각하듯이 그렇게 무소불위의 힘을 가지진 않았다.

그러나 린쩌쉬의 경우는 그전까지 잘 없었던 매우 특이한 케

---

52) 명대에 그렇게도 힘이 셌던 환관들은 청대에 와서는 그야말로 궁중 노비로 전락했다.

이스였다. 흠차대신이란 보통 내부의 사안을 처리하기 위해서였지 이렇게 외부의 적을 두고 보낸 적은 없었기 때문이다. 또한 황제는 그에게 처음부터 광동성의 수군 지휘권을 주었는데 이것도 선례를 찾아보기 힘든 케이스였다. 더한 것은 린쩌쉬는 흠차대신으로 임명된 바로 그해(1839)에 양강 총독(3월)[53]과 양광 총독(12월)으로 임명된다. 흠차대신이 총독직을 겸임하는 것은 린쩌쉬가 처음이었다.[54] 그리고 린쩌쉬의 케이스처럼 원래 직을 사직하고 가는 경우도 이례적이었는데 이는 이 사안이 금방 끝날 사안이 아니라는 걸 말해준다. 이를 종합적으로 봤을 때 린쩌쉬에게는 당시의 일반적인 흠차대신을 훨씬 뛰어넘는 권한과 파워가 주어졌다고 말할 수 있다.

린쩌쉬는 월화서원(越华书院)을 아편단속 본부 및 자신의 숙소로 사용하였다. 그리고 자신의 계획대로 일을 실행하였다. 첫째, 그는 먼저 아편의 폐해를 선전하는 여론전을 폈다. 그는 "아편은 당신의 재산을 축내고 명줄을 당깁니다."라는 방을 곳곳에 붙이는 등 정부가 아편을 엄하게 단속할 거라는 의지를 표명했다. 둘째, 아편 중독자들의 금연과 치료를 도와주는 한편 금연 노력을 하지 않는 자는 처벌하였다. 그는 지방관을 하면서 아편단속의 경험이 누구보다 많았고 금단현상에 대해서도 누구보다 많은 연구를 하였다. 이미 장쑤성에 순무로 있었을 때 의

---

53) 린쩌쉬의 양강 총독 직은 몇 달 후에 이리부(伊里布)가 부임하면서 넘겨준다.
54) 아편전쟁의 발발 이후로는 린쩌쉬처럼 지방군의 지휘권을 부여받는 흠차대신이 여러 명 나오긴 한다.

원들을 시켜 아편 중독자들의 금연을 돕는 약을 개발하여 효과를 본 적이 있었다. 광저우에서도 그 약을 만들게 한 후 금연자들에게 나누어 주어 치료를 도왔다.

셋째, 가장 중요한 아편의 몰수와 수입금지 조치이다. 린쩌쉬는 명확한 원칙을 세웠다. 이미 들어와 있는 아편은 전부 몰수하고 아직 안 들어 온 아편은 못 들어 오게 막는 것이다. 이를 위해서는 중국의 수출입을 틀어쥐고 있는 13행을 조사할 수밖에 없었다. 13행은 아편이 정식 물품으로 둔갑하여 통관하는 것을 눈감아주거나 도와줬고, 중국인 아편 브로커들과 한통속이 되어 이들이 은으로 납부하는 것을 물물교환으로 위장해주었다.

13행을 치는 것은 매우 어려운 일이었다. 이들은 무한한 자금력뿐 아니라 정치 뒷배도 가지고 있었기 때문이다. 여태껏 아편을 단속하고자 했던 관리들은 전부 이들의 뇌물에 넘어가거나 정치적 공격을 받아 중도에 그만둘 수밖에 없었다. 또한 이들은 아편의 수입에 있어서 서양 상인들과 이익을 나누고 있었기에 13행을 치는 것은 외상들의 이익을 침해하는 것이었고 당연히 외국 상인들의 반발을 사게 되어 있었다.

1839년 3월 18일(린쩌쉬가 광저우에 도착하고 겨우 8일이 지났을 때이다) 광저우의 13행 회장들이 월화서원에 마련한 조사당으로 소집되었다. 건물 안은 다소 어두침침하였으며 중앙에는 홍목으로 정교하게 조각된 커다란 책상과 팔걸이의자가 놓여 있었고 양옆으로 관리들과 병사들이 서 있었다. 잠시후 굳은 얼굴을 한 린쩌쉬가 들어오자 13행의 라오반(老板, 사장)들이 일제히 일어서 그에게 예를 표하였다. 린쩌쉬가 위엄 있고 근엄한 목소리로 입을 열었다.

"그대들이 여기 온 이유를 아시오?"
"흠차대인, 무슨 말씀이시온지………."
"본 대신은 그대들의 죄를 벌하고자 한다!"
"(의아스럽다는 듯이 서로의 얼굴을 쳐다보며)"
"모른다면 지금부터 그대들의 불법 행위를 열거하겠다. 이화행, 광리행, 동부행, 동흥행, ………… 안창행, 홍태행, 이상 13행은 폐하의 은덕을 입은 공행이라는 중대한 지위에도 불구하고 아래와 같은 불법을 저질렀으므로 이는 국법에 의해 엄격히 다스림이 마땅하다.

첫째, 외국의 배가 아편을 하역하는 걸 알면서도 모른 척했다. 둘째, 아편 중개상들과 한통속이 되어 아편의 밀반입을 도왔다. 셋째, 아편 중개상들이 서양 상인들에게 은으로 지불하는 것을 도왔고 이로써 은의 국외 유출을 야기했다. 넷째, 외국 아편상들에게 정보를 제공했다. …… 등등."

린쩌쉬의 말이 끝나기도 전에 눈치 빠르고 노련한 이화행과 광리행의 회장 우샤오롱(伍绍荣)과 루지광(卢继光)이 무릎을 꿇었고 뒤이어 다른 사장들도 일제히 무릎을 꿇었다. 이화행과 광리행은 13행의 우두머리인 총행이었다.

"나으리, 뭔가 오해가 있으신 것 같습니다. 저희는 폐하의 은덕을 한시도 잊은 적이 없습니다. 만약 저희가 하는 일에서 본의 아니게 국가에 해가 되는 일이 있었다면 당장 시정하겠습니다. 흠차대신 나으리께서 하시는 일에 한 치의 태만 없이 적극 협조하겠습니다."

"본 대신은 두 가지를 지시하겠다. 첫째, 당신들이 벌인 그간의 불법 행위들에 대해 소상히 밝히고 규정에 의해 조사와 처벌을 받으라! 둘째, 외국 상인들로 하여금 보유한 아편을 전량 내놓게 하라. 그리고 앞으로 아편을 절대 판매하지 않겠다는 서약서에 서명을 받아오라! 만약 지시에 따르지 않거나 저항하면 당신들 중 한두 명은 본보기가 될 것이다!"

린쩌쉬의 말이 끝나자 늙은 여우 같은 우샤오롱이 입을 열었다.

"가산을 내어서라도 온 힘을 다해 보답하겠습니다."

그러자 '쿵' 하고 책상을 치는 소리와 함께 린쩌쉬의 불호령이 홀을 울렸다.

"본 대신이 필요한 건 돈이 아니라 당신의 머리오!"

외국 상인들의 저항과 광저우 이관(夷馆) 봉쇄

우샤오롱과 루지광은 이번은 분위기가 심상치 않다는 걸 직감했다. 13행 회장들은 흠차대신의 조치에 납작 엎드리기로 결정하고 각국 상인 대표들을 소집하여 상황을 설명하였다. 서양 상인들도 이번에는 분위기가 전과 다르다는 13행 회장들의 말에 긴장하기 시작했다. 서약서는 "이후에 오는 배는 영원히 아

아편전쟁 박물관에 복원해 놓은 월화서원

편을 소지하지 않을 것이며 만약 발각 시 화물은 관부에 몰수되
며 사람은 죄를 인정하고 법에 의해 처분된다."는 내용이었다.
또한 통고문에는 이런 말도 있었다. "본 대신은 아편이 근절되
는 그날까지 돌아가지 않을 것이며 이 일의 시작과 끝을 같이할
것임을 맹세한다."

외국 상인들은 일단 시간을 벌기 위해 아편 제출 기한을 연장
해 달라는 입장을 우샤오룽을 통해 전달했다. 그리고 3일의 기
한이 다 되어갈 즈음에 이들은 우샤오룽을 다시 찾아와서 정황
을 물었다. 아래는 사료에 나와 있는 아편상들과 우샤오룽과의
대화 중 일부이다.

"오늘 흠차대신의 반응은 어땠습니까?"
"우리는 당신들의 서신을 흠차대신께 전달했소. 서신의 내용
을 들은 그는 이렇게 말했소. '그 친구들이 당신들(13행)에게 잔

꾀를 굴리고 있는데 나한테까지 얕은 수로 대하는 건 용납할 수 없지. 만약 아편을 내놓지 않으면 앞으로 어찌 될지를 내일 오전 10시에 내가 조합으로 가서 직접 보여줄 것이다.'라고 말이오."

⋯⋯⋯ 중략 ⋯⋯⋯

"솔직히 말해주시오. 생명에 위협을 느낍니까?"

"그렇소."

아편상들은 영국인, 미국인 그리고 프랑스인도 있었는데 미국인과 프랑스인에 의해 들어오는 아메리카산 아편은 그리 많지 않았고 영국인들에 의해 들어오는 인도산이 대다수를 차지하고 있었다. 매출이 크지 않은 미국인과 프랑스인들은 겁을 먹고 동요하였고 홈차대신의 요구에 응해야 하는 것 아니냐는 말들이 나왔다. 사실 린쩌쉬의 아편 몰수는 아편을 무작정 뺏는 것이 아니었다. 무작정 뺏어도 할 말이 없는 물건이긴 하지만 그는 근당 찻잎 3근으로 보상해 주기로 했다. 이 정도면 손해를 보더라도 손 털고 나와서 합법적인 무역을 하면 된다고 생각하였다. 하지만 영국인들은 사정이 달랐다. 이들은 아편 무역을 포기할 수 없었다. 또한 이들은 분명 당시 세계를 주름잡던 대영제국의 국민이 아니던가? 영국의 아편상들은 린쩌쉬의 조치에 저항하자고 상인들을 부추겼다. 버티면 이번에도 흐지부지될 것이라 생각했던 것이다. 중간에 끼어서 입장이 난처해진 이화행의 우샤오롱은 어떻게든 중간에서 해결을 보고자 노력했고 심지어는 자기 돈을 들여 아편 1천 상자를 산 후 관아에 바치기도 했다. 물론 이는 린쩌쉬의 더 큰 분노를 사기만 했다.

각국 무역상들이 청 정부의 조치에 응하지 않고 시간 끌기로 가게 된 데에는 렌를롯 덴트(Lancelot Dent)라는 영국의 큰손이 그 중심에 있었다. 광저우의 아편 밀수는 영국 국적의 두 개 거대 상사가 좌지우지하였는데 하나는 '자르딘 메더슨 컴퍼니(Jardine, Matheson & Company)'였고, 또 하나가 바로 덴트가 사장으로 있는 '덴트 컴퍼니(Dent & Co.)'였다. 전자는 아편과 함께 차, 비단 등 정식 무역도 같이 하는 종합상사였지만 후자는 주로 아편을 위주로 하는 아주 질 나쁜 회사였다. 이 두 회사가 판매하는 아편이 중국에 들어오는 아편의 대부분을 차지하고 있었기에 이 두 회사의 사장은 아편단속을 하고자 하는 청 정부의 일 순위 타깃이었다. 그러나 '자르딘 메더슨 컴퍼니'의 사장인 윌리엄 자르딘(William Jardine)은 린쩌쉬가 광저우에 오기 한 달 전에 은퇴를 선언하고 광저우를 뜬 상태라 당시는 덴트가 아편 무역상들의 대장 역할을 하고 있었다.

덴트는 흠차대신이 두렵지 않았던 걸까? 그가 청 정부의 조치에 버티기로 나갈 수 있었던 데는 영국 정부에서 광저우로 파견 나온 주중국 상무총감독 겸 전권대사인 찰스 엘리엇(Charles Elliot, 査理·义律, 1801~1875)[55]이라는 뒷배가 있었기 때문이다. 해군 장교 출신인 엘리엇은 덴트가 가져온 서약서를 보고는 그

55) 1834년에 초대 주중국 상무총감독이었던 윌리엄 네피어(William Napier)의 수석 보좌관(Master Attendant)으로 광저우에 왔다. 네피어 사후 계속 승진하여 1836년에 주중국 상무총감독 겸 전권대사로 임명되었다. 아편전쟁 시 대부분의 시간을 증기선에 탑승하여 전쟁의 전 과정을 지휘하였고, 1841년 1월에 《천비초약(穿鼻草约)》 체결을 이끌었다. 그러나 《천비초약》은 영국의 수상과 청 황제 모두에게 reject되었고 양측 조약 체결자인 엘리엇(Elliot)과 치산(琦善)은 경질되었다.

자리에서 박박 찢어버리면서 이렇게 말한 사람이다. "흥, 린쩌쉬의 그 알량한 포고문이 센지 영국의 대포가 센지 한번 두고 보라지!"

린쩌쉬는 기한이 지나자 행동에 나설 준비를 하였다. 그런데 이때 린쩌쉬에게 좋은 구실을 제공한 한 가지 일이 터진다. 자신의 신변에 위협을 느낀 덴트가 3월 24일 밤을 틈타 광저우를 빠져나가려고 하다가 체포된 것이었다. 이 소식을 들은 린쩌쉬는 불같이 격노하였고 곧바로 서양 상관 지구를 이중 삼중으로 봉쇄할 것을 명했다.

주중국 상무총감독 엘리엇은 당시 상황을 이렇게 회고했다.

"이관(夷馆, 서양상관)의 모든 거리는 봉쇄되었다. 이관의 후문에도 벽돌을 쌓아 막아버렸고 주변 건물의 옥상마다 군인들이 배치되어 위에서 각 이관을 감시하였다. ………… 눈 깜짝할 새에 나를 포함한 모든 사람이 연금상태에 처해졌다."

그리고 린쩌쉬는 서양 상관 지구의 모든 중국인 복무원을 철수시켰다. 물과 먹을 것을 넣어주긴 했지만, 당연히 서양인들이 이전에 먹던 것과는 크게 달랐을 것이다. 이들을 가장 힘들게 한 건 모든 것을 스스로 해야 했다는 것이다. 요리, 청소, 설거지, 빨래, 침구 정리, 쓰레기 처리 등 이전에는 중국인 가정부와 복무원들이 와서 해주던 일들을 이제는 외국인들이 스스로 해야 했다. 외국인들의 편안하고 럭셔리한 거주지였던 광저우의 서양 상관 지구는 이제 그들의 감옥이 되어버렸다. 뒤이어 린쩌쉬는 금일부로 광저우의 모든 무역은 중단됨을 선포했다.[56] 정박해 있는 상선들은 하역이 금지되었고 출항도 금지되었다. 외국인들이 느꼈을 공포는 가히 상상할 만하다. 개중에는 덴트 같은 악질 아편상도 있었지만 청 정부의 지시에 따르고 손을 털려고 했던 이들도 있었을 것이고 합법적으로 일반상품 무역을 하던 이들도 있었을 것이다. 이들이 극심한 공포와 모멸감을 느끼면서 자국의 개입을 바라는 건 어찌 보면 당연한 일이었다.

호문 아편 폐기(虎门销烟)

결국 엘리엇은 이관 봉쇄 조치에 얼마 버티지 못하고 백기를 들었다. 3월 28일 엘리엇은 린쩌쉬에게 자신들이 내놓을 아편 수량을 제출했다. 이들이 보유한 아편량은 총 20,283상자였고 그는 자국의 아편상들에게 흠차대신의 행정명령에 따라 아편을 모두 제출할 것을 통보하였다. 아편의 수거에만도 어마어마한 인력과 시간이 소요되었고 실제로 총 19,187상자와 2,119포대가 수거되었다. 이는 한 해 중국 전역에서 소비되는 아편의 절반에 해당하는 양이었다.

처음에 린쩌쉬는 수거된 아편을 베이징으로 수송하고자 했다. 그런데 그럴 경우 막대한 인력과 자금이 소요되고 또 중간

---

[56] 이 조치는 한시적이었고 무역상들이 아편을 제출하자 린쩌쉬는 곧 합법적인 무역은 허용하였다.

에 도난의 염려도 있다는 걸 깨닫고는 청 정부는 린쩌쉬에게 광저우 현지에서 폐기할 것을 명했다.

광저우의 아편 폐기가 '아편을 불태웠다(소각했다)'고들 알고 있으나 그건 사실이 아니다. 당시 서양인들이 팔던 아편은 가공되어 주먹보다 약간 큰 검정색 경단의 형태였다. 마치 보이차(普洱茶)처럼 뭉쳐진 상태라 보면 된다. 이를 기름을 부어 태울 경우 완전히 소각되지 않고 잔여물이 남았고 그걸 다시 재활용하면 사람들은 20% 정도의 아편을 다시 추출할 수 있었다. 그러므로 이 방법은 채택할 수 없었다. 그래서 선택한 방법이 화학적으로 용해시키는 것이었다. 이들은 아편이 석회와 소금에 약하다는 걸 발견하였다. 생석회를 풀은 소금물에 아편을 집어넣으면 아편이 화학반응을 일으켜 하얀 연기를 내며 분말화되고 다시는 이를 재생할 수 없게 된다. 그래서 이 사건을 '용해하다(销)'라는 글자를 써서 '호문소연(虎门销烟)'이라 하지 '소각하다(烧)'라는 글자를 쓰지 않는다.

광저우는 바닷가에 있는 도시가 아니라 해안에서 주강을 따라 70㎞ 이상을 거슬러 올라가야 나오는 도시이다. 주강 하구에 거대한 만이 형성되어 있는데 이곳의 어귀에 호문(虎门)이라는 곳이 있고 바로 여기서 폐기가 행해졌다. 린쩌쉬는 호문에 축구장 반보다 조금 작은 정사각형의 저수지57)를 두 개 만들었는데 이곳이 아편을 용해하여 폐기할 장소였다.

○○○○○○○○○○○○○○○○○○○○○○○○○○○○

57) 가로세로 15장(50m), 깊이 2~3m의 저수지로 오늘날에도 그 터가 남아있다.

호문 아편소각 터

아편 폐기는 1839년 6월 3일에 시작되었다. 호문산 아래에 의식을 지휘하는 관람대를 만들어 놓고 주변에는 초소를 배치하여 경계를 삼엄하게 했다. 저수지 주위로 깃발이 펄럭였고 북이 둥둥 울렸다. 주변은 아편 폐기를 구경하러 온 주민들로 인산인해를 이뤘다. 오후가 되자 관리들이 린쩌쉬를 수행하며 관상대로 올라갔고 2시가 되자 축포와 북소리, 징, 꽹가리 소리가 우렁차게 울리며 폐기의 개시를 알렸다. 웃통을 벗은 수백 명의 병사들은 압수한 검정색 아편 경단을 4조각으로 자른 후 연못으로 집어던졌고 그 후 생석회를 던져넣어 물에 풀었다. 그러자 하얀 연기를 내면서 물이 부글부글 끓었고 그렇게 아편은 분말화되었다. 이는 멀리서 보면 꼭 소각하는 것처럼 보였다. 이렇게 아편이 전부 물속에서 분말화되면 갑문을 열어 연못의 물을 바다로 흘러보냈다. 하얀 아편 가루로 걸쭉한 상태가 된 연못의 물은 썰물과 함께 바다로 흘러 들어갔다.

작업은 20일 동안 진행되었고 총 19,187상자와 2천여 자루가 모두 폐기되었다. 폐기가 완료되자 린쩌쉬는 도광제에게 작업의 경과와 결과를 보고하였고 이를 본 도광제는 크게 기뻐하며 그의 보고서에 붉은색으로 이렇게 결제의견을 달았다.

"마음을 후련하게 하는 일이라 칭할 만하다."

이어서 린쩌쉬, 덩팅쩐에게 아래와 같은 지침을 내렸다.

"군대의 위세를 보이고, 모든 무역을 중단하라!"

12장

✦

전쟁의 방아쇠는 누가 당겼나?

무역상들의 로비

윌리엄 자르딘(William Jardine)은 1839년 9월에 영국에 도착하였다. 그가 귀국하자마자 가장 먼저 찾아간 사람은 다름아닌 당시 영국 외무장관 팔머스톤(Palmerston)이었다. 그는 팔머스톤에게 광저우의 상황을 설명하며 영국의 개입을 촉구하였다.

윌리엄 자르딘은 누구인가? '무쇠 머리 쥐(铁头老鼠, Iron Head Mouse)'라는 별명에서 저돌적이면서도 머리회전이 빠른 그의 캐릭터를 짐작할 수 있다. 린쩌쉬는 1839년 정월 27일에 황제에게 보고하는 상주문에서 그에 대해 이렇게 말하였다. "간교한 서양인(夷) 자르딘은 영국에 속한 무역상입니다(아마 스코틀랜드인이기 때문에 이렇게 말한 것 같다). 광동성의 이관(夷馆)에서 20년간 거주하면서 '무쇠 머리 쥐(铁头老鼠)'라는 별명으로 불리는 그는 매국노들과 상습적으로 결탁하여 아편을 도처에 유통시키고 있으며 실제로 서양인들의 우두머리라 할 수 있습니다…… 후략."

[아편 무역상에서 fortune 500 기업이 된 "자르딘 메더슨 컴퍼니"]

스코틀랜드 출신 윌리엄 자르딘(Dr. William Jardine 1784~1843)과 그의 회사는 아편 판매와 영국의 원정, 그리고 뒤이은 홍콩 할양으로 가장 수혜를 본 집단이라 할 수 있겠다.

윌리엄 자르딘은 원래 의대생이었는데 졸업 후 이듬해에 동인도회사 소속의 원양 상선에 외과 의사로 승선하는 선택을 하였고 그것이 그의 인생을 바꿔놓았다. 그는 의사 일보다는 비즈니스에 더 관심과 재능이 있었다. 35살인 1817년에 그는 동인도회사를 나와 의사에서 사업가로 전향하였고, 1825년에 같은 스코틀랜드 출신이자 대학 동창인 메더슨(James Matheson)이 그의 사업에 합류하였다. 그리고 그해 이들은 한 무역회사를 인수하였다. 1832년에 이들은 자신들의 이름을 따서 '자르딘 메더슨 컴퍼니(Jardine, Matheson & Company)'라는 회사를 설립하였다.

1834년 동인도회사의 무역 독점이 해체되자 이 회사는 중국과 아편, 차, 비단, 양모 등의 무역을 하며 큰 손으로 성장했다. 그래서 그는 린쩌쉬의 주요 타깃이자 한편으론 버거운 인물이었을 것이다. 사업가로서는 크게 성공하였지만 중국인들에 있어서 그는 아편단속에 저항하고 영국의 정치인들에게 로비를 하여 전쟁을 일으키도록 한 아편전쟁의 원흉 중 하나이다.

1842년 난징조약에 의해 홍콩이 영국에 할양되자 그는 '자르딘 메더슨'을 홍콩에 본사를 둔 회사로 등록하고 중국어로는 '이화양행(怡和洋行)'이라 했다. 무슨 이유에서인지 그는 13행의 총행이었던 이화행(怡和行)에다가 '서양(洋)'이라는 글자만 넣어서 이름을 지었는데 사실 이 둘은 다른 회사이다. 공행으로서 광저우 13행은 아편전쟁을 계기로 해체되었고 이화행은 쇠퇴하였다. 대신 이화양행이 부상하면서 많은 사람이 이 둘을 한 회사로 알고 있기도 하다.

창업자 윌리엄 자르딘은 1843년에 죽었지만 경영권을 이어받은 그의 친척들과 메더슨은 홍콩과 상해 등지의 노른자 땅을 닥치는 대로 매입하며 부동산, 해운, 철도, 유통, 금융 등 방면으로 빠르게 사업을 확장하였다. 때는 중국이 각국과 근대적이지만 불평등한 통상조약을 맺기 시작하면서 중국이라는 파이가 서양 자본과 기술에 무방비로 노출되던 시기였다. 청 조정의 리더십은 흔들렸고 관리들의 부패는 더욱 심각해지는 와중에 열강들의 이권 침탈이 시작되었고 이런 회사들에게 당시 중국은 황금 시장이었다. 자르딘 메더슨(이화양행)은 19세기 중반이 되면 이미 중국 주요 도시와 일본에 지사를 둔 최대 무역회사가 된다.

창업자인 윌리엄 자르딘은 은퇴를 선언하고 1839년 1월 26일(양)에 광저우를 떠나 영국으로 돌아갔고(9월 도착) 1843년에 사망하였다. 그 후 동업자인 메더슨이 자르딘의 경영권을 인수받았으나 1849년에 와서 메더슨 가(家)가 사업에서 손을 떼면서 회사는 자르딘의 친인척들에 의해 완전히 장악되었다.

오늘날의 자르딘(Jardine) 그룹은 부동산, 항만, 운송, 자동차 딜러, 마트, 뷰티, 외식사업 등 제조업을 제외하고는 거의 모든 영역에 회사를 두고 있는 종업원 70만 명의 거대 그룹이다. 홍콩에 12개의 유명 건물을 소유하고 있으며 홍콩 공항의 화물운송 터미널의 지분 42%를 보유하고 있다. 베이징의 가장 중심 지역인 왕푸징에 위치한 대형 쇼핑몰인 WF Central(王府中环)과 Mandarin Oriental Hotel이 이들의 것이다. 이 밖에도 중국 전역과 홍콩, 싱가포르, 마카오 그리고 동남아 국가의 노른자 땅과 빌딩, 호텔, 항만이 알고 보면 그들의 소유이거나 그들의 지분이 들어가 있는 경우가 많다. 홍콩과 마카오를 포함한 중국 전역의 7-Eleven, Oliver's, Bravo(永辉)마트가 이들에 의해 운영되어 있고 홍콩, 마카오, 타이완, 그리고 일부 동남아 국가의 IKEA, KFC, Pizza Hut이 이들에 의해 운영되고 있다.

엘리엇의 대책 없는 백지수표

영국 정부조차 아편 무역이 제국의 경제에 얼마나 중요한지를 인정하고는 있었지만 이를 도덕적으로 지지하지는 않았다. 아편 무역은 영국 정부가 거리를 두고자 했던 더러운 비밀이었다. 이는 외무장관 팔머스톤이 주중국 상무전권대사 엘리엇에게 "중국의 법을 어겨서 문제에 빠진 영국인들은(아편 딜러들을 말함) 그 후과에 대해 책임을 질 것이며 본국으로부터 아무런 지원을 받지 못할 것"이라는 클리어한 지시를 한 데서도 알 수 있다. 엘리엇 자신도 아편 무역에 대해 '수치스럽다(disgraceful)'고 팔머스톤에게 보낸 편지에서 밝힌 적이 있다. 그러나 그에게는 아편상들을 통제할 만한 강단도 없었고 그들을 통제할 실질적인 수단도 없었다.

린쩌쉬의 광저우 이관 봉쇄 조치에 엘리엇은 극도의 패닉에 빠졌다. 그는 린쩌쉬의 명령에 즉각 따르지 않는다면 중국인들은 곧 무역상들의 머리를 잘라내기 시작할 거라고 믿고 있었던 것 같다. 그리고 그렇게 될 경우 상무대사인 자신에게 그 책임이 돌아올 것이라는 것에 대단히 겁을 먹고 있었다. 사료는 그를 '신경질적'이라고 묘사하고 있는데 신경질적이라는 것은 '평정심을 쉽게 잃는다'는 말로도 해석될 수 있다. 정작 무역상들은 이관 봉쇄에 평정심을 잃지는 않았다. 이들은 시간이 지나면 청 정부의 조치가 좀 누그러질 거라 생각하고 있었다. 그런데 이때 상황을 해결해야 한다는 과도한 사명감과 책임감에 빠져있던 엘리엇이 완전히 자신의 권한 밖의 황당한 결정을 한다. 제출하는 아편에 대해 영국 정부가 전량을 보상해 주겠다고 한 것이다!

영국 아편상들은 "여황폐하 만세"를 불렀다. 엘리엇이 사인한 금액은 200만 파운드였다. 그게 어느 정도인가? 1840년 대영제국의 재정수입 총량이 대략 9천만 파운드였으므로 200만 파운드는 1년 정부수입의 2.2%이다. 2.2%가 얼마 안 되는 것같아 보이지만 이는 당시 영국과 각지의 식민지를 포함한 대영제국 경제 규모로 봤을 때 상당한 금액이다. 또한 당시 영국의 유럽 외 지역과의 무역 총액이 920만 파운드였으니 이것이 어느 정도였는지 대략 가늠이 가능할 듯하다.

린쩌쉬에게 백기를 들은 엘리엇은 서약서는 거부한 채 영국인들을 전부 데리고 광저우를 떠나 마카오로 물러났다. 그 대신 곧바로 외무장관 팔머스톤에게 편지를 보내 린쩌쉬가 상인들에게 폭력으로 위협하고 있다고 하면서 전함을 보내 그들을 보호해 줄 것을 요청하였다. 그리고 거기에는 200만 파운드짜리 청구서가 딸려 있었다. 팔머스톤은 기가 막혔고 아마 이때부터 엘리엇은 그의 신뢰를 잃었을 것이다(결국 그는 아편전쟁 도중에 본국으로 소환된다).

그러나 200만 파운드 때문에 전쟁이 일어나진 않는다. 진짜로 영국 정부로 하여금 무력 카드를 만지작거리게 만든 건 "앞으로 영국과의 모든 무역을 영원히 중단한다!"라는 도광제의 명령이었다. 이는 영국의 거의 한 세기에 걸친 중국시장 개척 노력을 물거품으로 만드는 조치였고 이것만은 영국으로서도 절대 받아들일 수 없는 일이었다. 린쩌쉬는 합법적인 무역은 허용해야 한다는 입장이었지만 아편단속의 승리에 취한 도광제의 뜻을 돌릴 수는 없었다. 아편전쟁을 무역전쟁이라 주장하는 사람들은 도광제의 이 조치가 전쟁을 불러일으킨 실질적이며 결정적인 방아쇠였다고 말한다.

린웨이시(林维喜) 사건과 영국인 추방 조치

후세의 많은 사람들은 "호문의 아편 폐기(虎门销烟)"가 아편전쟁의 도화선이라고 알고 있지만 그건 사실이 아니다. 아편전쟁의 역사적 진실을 찾음에 있어서 우리는 두 가지 측면에 주목해야 한다. "영국의 원정을 불러일으킨 전쟁의 정당성은 과연 무엇이었는가?" 그리고 "중국은 어찌 이리 속수무책으로 당했는가?"이다. 대개는 후자에만 포커스를 맞춰왔다. 그래서 당시 영국과 중국의 군사 기술력의 차이로 인해 일방적인 전투가 벌어졌다는 것쯤은 누구나 안다.

그러나 영국의 원정 명분을 "영국 자산(?)에 대한 배상을 위해", 또는 "아편 무역을 지속하기 위해"라 잘라 말해버리기에는 19세기 유럽은 이미 십자군 전쟁을 일으키던 시대도 아니었고 징기스칸처럼 정복을 위한 정복을 하던 시대도 아니었다. 당시 영국은 이미 양당제 의회 시스템에 의해 국가 대사가 결정되었고 국왕이든 총리든 마음먹었다고 할 수 있는 구조가 아니었기 때문이다. 당시 이미 많은 영국의 정치인들은 자신의 정부가 아편 판매를 눈감아주고 있다는 것에 도덕적 수치심을 느끼고 있거나 최소한 어느 누구도 아편 판매를 대놓고 지지할 수는 없는 분위기였다. 이런 분위기에서 자국의 아편상들이 아편을 몰수당했다고 전쟁을 선포한다? 정부가 아무리 돈이 궁한들, 동인도회사의 적자가 아무리 심했던들 당시 세계 최강 국가이자 문명국이라 자부하던 영국이 이런 이유를 들며 전쟁을 시작할 수 있었을까? 이들의 궁극적인 목적이 통상항구 개방과 이권 침탈에 있었다고 말할 수는 있어도 그것이 전쟁의 명분이 될 수는 없었다.

1840년 4월 9일, 중국에 대한 원정안이 국회에 상정되었다. 결과적으로 원정안이 의회를 통과하긴 하였지만 단 9표 차이의 통과는 치열한 찬반의 공방전이 있었음을 반증한다. 정부의 비도덕적 처사에 반대했던 야당 의원들을 돌아서게 만든 명분은 과연 무엇이었을까? 호문의 아편 폐기는 분명 명분이 되지 못했다. 200만 파운드는 더더욱 명분이 되지 못한다. 그럼 뭔가가 있었다는 건데……. 그것은 무엇이었을까? 그 무언가의 시발점이 된 한 사건이 있었다.

아편 폐기가 완료되고 바로 다음 달인 1839년 7월 7일, 홍콩 구룡반도의 침사추이에서 만취한 영국 병사들이 중국인 촌민 린웨이시(林維喜)를 때려서 죽인 일이 발생하였다. 린쩌쉬는 영국 측에게 병사를 인도할 것을 요구했으나 엘리엇은 영국인은 영국 법에 의해 처벌받아야 한다며 인도를 거부했다. 이들은 자기들끼리 급조해서 배심원을 짜놓고는 선상에서 형식적인 재판을 열어 그들에게 벌금 몇십 파운드와 몇 달의 구류형을 내렸다.

"중국인의 목숨이 고작 몇십 파운드밖에 안 된다니!"

이는 중국인들의 극도의 분노를 불러일으켰고 린쩌쉬는 초강경 수단을 취했다. 모든 항구를 봉쇄하고 영국인들에게 즉각적인 추방 명령을 내린 것이다. 사실 그간의 린쩌쉬의 조치들은 상당히 합리적이고 빈틈이 없었다. 제출하는 아편에 대해 충분하진 않지만 찻잎으로 보상을 해주고자 한 것이나, 아편을 내놓자 바로 이관 봉쇄를 푼 것이나, 그리고 황제에게 합법적인 무역은 허용해야 함을 주장한 것 등은 외교 관계를 고려한 합리적이고 인도적인 조치라 평할 수 있겠다. 그러나 이번의 조치는 누가 먼저 잘못을 했느냐를 떠나서 분명 논란의 소지가 있었다.

즉각적인 추방 조치로 영국 상인들과 그들의 가족들은 제대로 짐을 싸지도 못한 채 떠밀리듯이 배에 올라타야 했고 졸지에 해상 난민 신세가 되었다. 이들을 태운 배의 선장은 물과 먹을 것을 위해 마카오에 정박하겠다고 했으나 포르투갈 총독은 중국의 눈치를 보느라 이를 허락하지 않았다. 그리고 이 사실은 다소간의 과장이 첨가되어 본국으로 보고되었고 이는 곧 영국 정계를 뒤흔들었다.

"대영제국의 여성과 어린아이들이 무자비한 중국 정부에 의해 바다 위에서 난민이 되어 굶주리며 표류하고 있다!"

이제 영국의 이슈는 아편이 아니라 자국 국민의 안전, 궁극적으로 외국에서 보장받아야 할 자국의 주권, 그리고 근대적 외교 관계 수립과 공정한(?) 무역의 확대였다. 그리고 무엇보다도 이들이 중요시했던 것은 위협받거나 쫓기거나 또는 그 어떤 기소나 재판 없이 구금될 지 모를 영국인 남자와 여자 그리고 아이들이었다. 그러나 우리는 여기서 상황을 공정한 눈으로 바라볼 필요가 있다. 다시 말하자면, 이러한 영국 내 여론이 반드시 옳다거나 정의를 뜻하지는 않는다는 것이다. 왜냐하면 중국의 촌민이 영국 병사에 의해 맞아 죽은 것, 가해자가 그에 합당한 벌을 받지 않은 것 역시 심각한 주권 침해이자 존엄에 대한 훼손이기 때문이다. 단, 문제는 영국 병사가 한 일은 개인의 범죄이지만 린쩌쉬가 취한 조치는 중국 정부가 다수의 민간인을 상대로 한 보복 조치였다는 점이고, 결과적으로 이는 영국인들에게

중국과의 전쟁을 주장하는 영국 신문의 만평

전쟁의 명분을 만들어 주었다.

　1839년 10월 1일, 영국 내각회의는 중국에 대한 원정을 결정하였다. 10월 말에서 11월 초 사이 주중 상무감독 엘리엇은 영국 외무장관 팔머스톤으로부터 두 통의 훈령을 연속으로 받았다. 내용은 영국은 중국에 대한 원정을 결심하였으며 전쟁 시기는 1840년 4월이라는 것과 전쟁 전까지 최대한 중국의 정보를 입수할 것 등이었다. 1840년 1월 16일 빅토리아 여왕은 국회 연설에서 "대영제국 국민들의 안전과 대영제국의 존엄을 지키기 위해 상황을 예의주시하고 있다."라고 강조했다. 1840년 2월 20일, 팔머스톤은 청 정부의 예부상서와 광저우로 나가 있는 영국군 사령관에게 동시에 편지를 보냈다.

"중국이 전적으로 그들의 아편 단속 포고령을 강제할 권한을 가지고는 있지만 죄 없는 자들(아편을 팔지 않는 무역상들)을 범법자와 함께 싸잡아서 재판도 없이 생명을 위협한다면 그것은 또 다른 문제이다. 광저우에 있는 빅토리아 여왕의 대사와 영국 국민들에게 행해진 모욕에 대한 배상을 요구하기 위해, 영국인과 다른 사람들도 중국에서 무역을 할 수 있는 다른 항구의 개방을 위해, 그리고 영국의 외교관을 베이징과 항구에 파견할 수 있게 하기 위해 힘이 동원되어야 할 것이다."

그리고 1840년 4월 9일, 중국에 대한 원정안이 드디어 국회를 통과했다.

13장

아편전쟁

전쟁의 발발

1840년 6월, 로열 아이리쉬 해병단 제18 여단, 스코틀랜드 보병 제26연대, 벵골 제49연대, 벵골 공병단과 마드라스 공병단 등 4,000여 명을 태운 48척의 기동함대가 싱가폴에서 중국을 향해 출항하였고, 이들은 6월 21일에 마카오 앞바다에 도착하였다. 48척의 함대는 전함 16척(그중 3척은 74문의 대포를 장착한 대형 군함이었다), 무장 증기선 4척, 병력수송선 1척, 운수선 27척으로 구성되어 있었고 함대에 적재된 대포의 수는 총 540문이었다. 영국군의 전력은 전쟁이 시작된 이래 계속 증강되어 1842년 이들이 장강을 거슬러 올라갈 즈음에는 전함 25척, 무장 증기선 14척 등 총 60척이 넘었고 적재된 대포의 수는 668문에 달했다.

1842년 8월에 난징조약이 체결되면서 전쟁이 끝났으니 이 전쟁은 2년이 조금 넘게 지속된 셈이다. 그런데 뜻밖의 사실은 정작 린쩌쉬는 이 전쟁에서 지휘관으로서 대포 한 발, 총 한 발

미몽 속의 제국

도 발사 명령을 내리지 못했다는 것이다. 영국 동방원정대는 린 쩌쉬와 덩팅쩐이 지키고 있는 광동성과 푸젠성을 공격하지 않고 해안을 따라 북상하여 저장성 닝보 앞바다에 위치한 섬인 쩌우산(舟山)을 포격하면서 전쟁이 시작되었고, 바로 다음 달에 도광제는 린쩌쉬를 파면하는 조서를 내렸기 때문이다.

1840년 8월 3일, 린쩌쉬는 저장성 순무로부터 놀라운 보고를 받았다.

"영국 해군 함대 31척이 저장성 앞바다에 와서 딩하이(쩌우산)를 기습 공격하였고 딩하이현의 성이 함락되었음."

이게 도대체 무슨 상황인가? 그렇다. 영국군은 린쩌쉬와 덩팅쩐이 지휘하는 광동성과 푸젠성은 방비가 잘 되어 있다는 것을 알고 있었기에 이를 우회하여 한참을 올라가 저장성 쩌우산을 공격하여 함락시켰다(1840년 7월). 이들이 쩌우산을 첫 공격 타깃으로 삼은 것은 약한 곳을 먼저 때리는 전략도 있었지만, 중국 해안선의 정중앙에 위치한 쩌우산 섬을 해군 거점으로 사용하기 위함이었다.

쩌우산이 점령당했다는 급보를 받은 도광제의 반응은 두 가지였다. "도대체 평소 저장성 방비를 어떻게 했길래 양이들한테 쩌우산[58]을 그리 쉽게 내어 주냐!"라며 노발대발했고 그 책임을 전부 저장성 순무의 나태와 무능으로 돌렸다. 사실 린쩌쉬는 흠차대신으로 임명된 이래로 '병력을 해안으로 증강 배치하여 대

---

58) 당시에는 딩하이(定海)라 불렸다.

긴 사거리와 압도적인 화력으로 중국의 정크선을 공격하고 있는 영국 전함

규모 전투에 준비해야 한다'는 주청을 끊임없이 올렸으나 조정의 아무도 이에 귀를 기울이지 않았다. 황제의 또 한 가지 반응은 "이 영국 양아치들은 그저 작은 기술 좀 부리는 것에 지나지 않을 것이다. 저들이 온 목적은 아편을 밀매하려고 하는 건데 여기서 뭘 더 할 수 있겠는가?"[59]라는 상대에 대한 과소평가와 희망 심리였다.

영국 함대는 해안을 따라 무서운 속도로 북상하였고 1840년 8월에 톈진의 따구커우(大沽口) 외항에 도달하였다. '양이가 와서 설령 난동을 부리더라도 아래 지방 어딘가의 일이겠지'라고 생각했던 도광제는 적의 함대가 톈진까지 왔다는 보고를 받고는 화들짝 놀랐다. 베이징 정계는 술렁대기 시작했고 린쩌쉬에 대한 불리한 소문과 여론이 형성되기 시작했다. 이금파 대신들

---

59) "此等丑类, 不过小试其技, 阻挠禁令, 仍欲借势售私, 他何能为!"《도광조실록》

은 이것이 다 린쩌쉬가 정세를 오판하고 아편에 대해 강경 대응을 했기 때문이라며 모든 것을 그에게로 돌렸다. 황제는? 도광제는 린쩌쉬를 광저우로 보낼 때의 호기와 약속은 온데간데없어졌고 이제는 겁을 먹고 동요하기 시작했다.

영국군 총사령관이 된 엘리엇은 두 가지 요구사항을 제시했다. 하나는 사람을 보내 영국 외무장관 팔머스톤이 중국 황제에게 보내는 서한을 수령할 것과 영국군이 상륙하여 먹을 것을 구매하는 것을 허용할 것이었다. 중국 정부는 이 모두를 수용했을 뿐 아니라 무슨 손님 대접하듯 소고기, 양고기, 닭고기 등 식재료를 아낌없이 제공하였다. 이들의 화를 누그러뜨리기 위해서였다. 팔머스톤의 서한에는 중국과 영국이 동등한 자격으로 외교 관계를 맺고 무역을 하자는 내용이 들어있었다.

청 조정은 일단 영국군을 황제가 있는 베이징에서 멀리 떨어뜨려 놓는 게 급선무라고 판단하였다. 1840년 8월 20일, 도광제는 주화파 대신인 치산(琦善)을 영국과의 협상대표로 임명하고 "영국과의 통상을 허용하고 린쩌쉬를 처벌한다"는 내용의 서약서를 영국 측에 전달하였다. '우리 황제가 이 정도로 당신네들한테 성의를 보였으니 일단은 남쪽으로 내려가서 나머지 협상을 합시다'라는 뜻이었다. 엘리엇이 이끄는 영국군은 이쯤 되면 청 정부로 하여금 협상의 테이블로 나오도록 하는 목적은 달성이 되었다고 생각하였고, 또 배 안에 전염병이 돌고 있었기에 이들도 오래 머물 수 있는 사정이 아니었다. 그래서 이들은 톈진항에 대한 포위를 풀고 광동성으로 내려갔다. 이것이 아편전쟁의 1단계이고 이때 영국군은 거의 사상자가 없었다. 치산은 곧바로 흠차대신으로 임명되어 광저우로 보내졌다.

　1840년(도광 20년) 10월 20일, 언제 터질지 모르는 영국과의 교전을 준비하느라 분주한 린쩌쉬에게 황제의 교지가 내려왔다.

　"린쩌쉬와 덩팅쩐은 광동성에 파견되어 아편단속에 나선지 2년이 지났지만 아직 근본 문제를 해결하지 못하였고, 오히려 양이들이 경성에 근접하여 그들이 부당하게 억압당했던 것에 대해 항의를 하는 지경에 이르렀다. 나라를 잘못 이끌고 백성들에게 해를 끼쳤으며(誤國病民) 일처리가 적절하지 않았던(辦事不善) 것에 대한 책임을 묻고자 하니 교지를 받들어 현 시각부터 모든 공식 직책을 내려놓고 신임 흠차대신이 오기를 기다려 그의 조사를 받고 처리에 따르라!"

　린쩌쉬는 하늘이 무너져 내리는 것 같았다.

　"나라를 잘못 이끌고 백성들에게 해를 끼쳤다(誤國病民)……? 내가?"

　그는 한동안 자리를 뜨지 못하고 멍하니 하늘을 보며 이 네 글자를 되뇌었다.

　"오국병민(誤國病民)이라…… 오국병민…… 오국병민이라……."

　　　　　　　　　　　　　　미몽 속의 제국

천비초약(穿鼻草約)의 체결과 파기,
그리고 강대강으로 돌아선 국면

린쩌쉬의 뒤를 이어 흠차대신겸 양광총독으로 온 보얼지지터·치산(琦善)은 몽고족 주화파 대신이었다. 황제가 주전(主戰)에서 주화(主和)로 돌아섰으니 린쩌쉬의 파면과 함께 주화파 대신들이 전면에 나서게 되었고, 총독, 순무, 제독 등 현장 지휘관들도 만주족과 몽고족 주화파 인사들로 다시 채워졌다.

청 왕조 건립의 핵심으로서 줄곧 귀족 그룹을 담당해왔던 만주족과 몽고족은 원래 유목민족 특유의 강한 상무정신을 가지고 있었다. 그러나 중원으로 들어온 후 200년이 지나자 이들의 발톱은 무뎌졌고 오랜 나태와 방탕으로 전투 본능은 완전히 퇴화되어 초식동물이 되어버렸다. 청나라 핵심 전력이었던 만주 팔기군과 몽고 팔기군은 이 세기 중반에 들어오면 완전히 오합지졸이 되어버린다. 게다가 이들 소수민족 귀족 계층은 자신의 국가에 대한 애착과 사명감이란 게 없었다. "땅은 한족의 땅, 통치는 우리들이"라는 생각을 가지고 있던 이들이 위기가 닥쳤을 때 "내 조상들이 수천 년을 지켜온 강산인데 티끌 만큼도 내어줄 수 없다. 목숨을 바쳐서라도 지켜내겠다"라는 생각을 했을까? 이들은 어떻게든 쉽게 쉽게 가려고 했고 평화(?)를 위해선 그깟 땅 조금 떼어주는 건 별것 아니었다. 이러한 통치계층의 무책임은 19세기 후반으로 가면 더욱 심해져 열강들에게 아주 쉽게 이권을 떼어주는 상황으로 이어진다.

천비양 일대

   치산은 10월 말에 도착하였고 린쩌쉬는 파직되어 대기발령 상태에 처했다. 그는 영국 측에 우호적인 메시지를 주기 위해 린쩌쉬가 어렵게 구축한 호문 일대의 방어선을 스스로 폐쇄하였다.

   주강이 바다와 접하는 거대한 만, 즉 홍콩, 마카오, 선전, 주하이 일대를 당시에는 천비양(穿鼻洋)이라 불렀다. 치산이 광저우에 도착했을 당시 천비양 일대는 완전히 영국의 전함들에 의해 장악되어 있었다. 치산은 협상을 시작했다. 당시 상황에서 협상이란 중국 측이 일정한 배상을 하고 영국이 군대를 물리는 걸 뜻한다. 물론 치산은 '얼마든지 줘도 되니 협상만 하고 오라'는 황제의 지령을 받았기에 통 크게 배상할 준비가 되어있었다. 그런데 영국 측이 내민 조건에는 그를 곤혹스럽게 만든 조항이 하나 있었다. 영국은 메카트니 방문 이래로 계속해서 섬을 하나 할양받아 자신들의 무역기지로 삼을 것을 희망해 왔듯이 이번

미몽 속의 제국

천비양을 가득 메운 영국 전함들

에도 엘리엇은 섬을 떼어줄 것을 요구하였다. 그러나 이는 치산
이 재량으로 결정할 사안이 아니었고 황제가 수용할 리도 없었
다. 마땅한 방법이 없던 그는 중국 특유의 시간끌기 작전을 선
택했다. 시간을 끄는 사이에 양강 총독이 병력을 정비한 후 쩌
우산을 수복할 수 있을 거라 생각했기 때문이다.

  그러나 영국군은 바보가 아니었다. 청 정부가 시간을 끌자 엘
리엇은 협상을 진척시키기 위해선 이쯤에서 무력 과시가 필요
하다고 판단하였다. 1841년 1월 7일, 영국군은 광저우로 들어
가는 주강(珠江)의 관문인 호문을 포격하는 선공으로 나섰다.
순식간에 호문의 제1선 방어선인 따자오(大角) 포대와 샤자오
(沙角) 포대가 무용지물이 되었고 이로써 주강 입구가 열렸다.

  겁을 먹은 치산은 그제서야 '주강 입구 밖의 외항에 (영국 상인
들이) 기거할 수 있는 곳'을 주겠다고 했고, 1월 25일에 엘리엇
이 제출한 협상 안을 거의 그대로 수용하였다. '천비해'에서 이

루어졌다고 하여 《천비초약穿鼻草约》이라 불리우는 이 조약의 초안에는 '홍콩의 할양', '소각한 아편에 대한 배상금 백은 600만 량', '양국이 평등한 지위의 정식 수교', '광저우 무역의 즉각적인 재개' 등의 내용이 들어 있었다. 엘리엇은 바로 다음 날 조약이 체결되었음을 일방적으로 선포하고 군대를 이끌고 와 홍콩을 점령하였다.

이 조약 초안의 내용이 보고되자 도광제는 노발대발하며 치산을 파직하고 그를 매국노라 규정하면서 그의 집과 재산을 탈탈 털어 압류하였다. 이때까지만 해도 청 황제는 국토의 할양만은 절대 용인할 수 없는 마지노선이라 생각했기 때문이다(그러나 상황이 더욱 불리해지자 이 마지노선도 곧 무너진다). 그래서 천비에서의 협정은 청 정부의 직인을 받지 못했고 그래서 역사책은 이를 "조약(条约)"이라고 하지 않고 "초약(草约)"이라 부른다.

《천비초약穿鼻草约》의 체결과 파기는 양국 간의 협상과 화의 무드를 일순간에 강 대 강 무드로 바꿔놓았다. 이 일을 계기로 도광제는 주화에서 다시 주전으로 태도를 180도 바꿨고 곧 영국에 선전포고를 하였다. 광저우에는 황실 종친인 아이신줴러·이산(奕山)을 흠차대신 겸 정역장군(靖逆将军)[60]이라는 직함을 주어 보냈고, 그에게 7개 성(省)의 병력을 모을 권한을 주어 영국과 결전을 벌이도록 하였다.

---

60) 정역장군(靖逆将军)이란 '역도(逆)를 평정(靖)하는 장군'의 뜻으로 상설 직책이 아니라 황제가 특별 임무를 부여할 때 붙여주는 타이틀이다.

광저우 함락

그러나 황제가 주화에서 주전으로 입장이 바뀐 것이 이들의 전력이 증강되었음을 의미하진 않았다. 도광제는 영국에 선전포고하면서 주전파 대신과 장군들을 대거 광저우로 보냈지만 이들은 겉으로만 가오를 잡았지 내심으론 전투를 하고 싶어 하지 않았다. 그래서 광저우에 도착해서도 필요 없는 짓을 하거나 하는 시늉만 하면서 실제 필요한 전투 준비를 하지 않았다. 이때의 린쩌쉬는 이들에게 조언을 해 주는 입장이었으나 아무런 직책이 없는 그의 말에 귀를 기울일 사람은 없었다.

천비초약이 무효화되자 영국군은 이번에는 진짜로 뭔가를 보여줘야겠다고 결심했다. 1841년 2월 26일에 이들은 다시 호문의 일선 포대를 격파하였고 이번에는 주강을 거슬러 올라 광저우로 향했다. 그러자 광저우에 파견된 참찬대신(參贊大臣) 양팡(楊芳)이 휴전을 제의했고 이렇게 광저우는 전화(戰禍)의 위기를 넘기는 듯했다. 그러나 2개월 후인 5월 21일, 이산은 이해할 수 없는 일을 벌인다. 수군 1,700명을 동원하여 야밤에 영국군을 습격하여 배를 불태운 것이다. 그러자 5월 24일 영국군은 드디어 광저우에 대한 공격을 시작하였다. 광저우의 시민들이 의병을 구성하여 죽기를 각오하고 대항했지만 역부족이었다. 광저우 부근의 요지가 전부 함락되었고 18,000여 명의 청 군대가 성 안으로 퇴각하였다. 이산은 3일 만에 백기를 들었고 영국의 배상 요구가 적힌 《광저우 화약》에 사인하였다(1841년 5월 27일). 광저우 화약은 국가 간 조약이라기보다는 이산이 영국군에게

광저우를 향해 주강을 거슬러 진격하는 영국군(1841년 5월)

돈을 내고 광저우에서 철수를 확답받은 것이었다. 이 화약으로 청의 군대는 광저우에서 70리 밖으로 후퇴하여 주둔하기로 했고, 영국군은 백은 600만량과 광저우 영국상관의 수리비 등을 받는 조건으로 호문 밖으로 군대를 물리기로 했다. 이 돈은 이산이 13행 사장들로부터 각출했다.

엄청난 군민이 희생당했고 결국 광저우가 함락되었지만 이산은 황제의 처벌이 두려워 전황을 허구로 보고하였다. 심지어 이 전투를 대승이라 보고했고 황제는 그에게 상을 내렸으니 당시 청나라 만주족 통치계층의 부패가 어느 정도였는지 능히 짐작할 수 있다.

영국의 2차 북상과 닝보 함락

　재미있는 것은 엘리엇이 일방적으로 밀어붙여 체결했다가 도광제에 의해 다시 파기된 《천비초약》은 영국에 있는 그의 상관에 의해서도 기각(reject)되었다는 것이다. 이 조약은 청 조정이 파기하지 않았더라도 어차피 영국 정부에 의해 파기되었을 운명이었다. 매파 외무장관 팔머스톤은 '협상을 이거밖에 못 하냐'며 엘리엇을 경질하고 본국으로 소환시켰다. 그리고 강경파 헨리 포팅어(Henry Pottinger)를 신임 전권대표로 보냈다. 《천비초약》이 영국의 더 센 대장을 부른 셈이었다.

　포팅어가 홍콩에 도착하고 10일밖에 안 된 1841년 8월 21일, 그는 함선 37척과 육군 2,500명을 이끌고 북상하여 푸젠성 샤먼을 함락시켰다(8월 26일). 이들은 다시 매서운 기세로 북상하여 10월 1일에는 저장성 쩌우산(舟山)를 다시 함락시켰고[61], 10일에는 닝보 북동쪽의 쩐하이(鎮海)를, 13일에는 닝보를 함락시켰다. 저장성 동부가 영국군의 수중에 들어가자 도광제는 모든 걸 걸고서라도 수복하겠다고 결전을 선포하였다.

　그리고 5개월이 지난 1842년 3월, 드디어 닝보와 쩌우산 등에 대한 수륙 양면의 수복 작전이 펼쳐졌다. 치열한 전투를 벌였으나 청은 결국 수복에 실패하였고, 오랜 준비를 했던 절동(저장성 동부)에 대한 수복이 실패로 돌아가자 도광제는 마음속

---

61) 쩌우산은 아편전쟁 초기에 영국군에 의해 점령되었으나 이듬해인 1841년 2월에 섬 내에 전염병이 돌아 영국군은 쩌우산을 포기하고 광동으로 내려왔다.

다시 점령당하는 쩌우산(舟山)

으로 영국과의 화의를 준비하기 시작한다.

난징으로의 진격

　다시 2개월 후인 1842년 5월, 포팅어의 강력한 한 수가 시작되었다. 닝보를 버리고 북상하여 상하이로 들어가기로 한 것이다. 1842년 6월 16일에 영국군은 장강과 황푸강이 만나는 지역인 우쑹커우(吳淞口)를 공격하여 함락시켰고 이로써 이들은 장강을 거슬러 올라갈 수 있게 되었다. 영국군의 증원병이 계속 장강 어귀에 도착하였고 병력이 증원되자 이들은 드디어 장강을 거슬러 올라가기 시작했다. 중국 내륙 운송의 대동맥인 경항대운하 쩐장(鎭江) 구간을 끊어놓고 장강에서 바다로 나가는 입구를 봉쇄하겠다는 것이었다.

　　　　　　　　　　　　　　　　　미몽 속의 제국

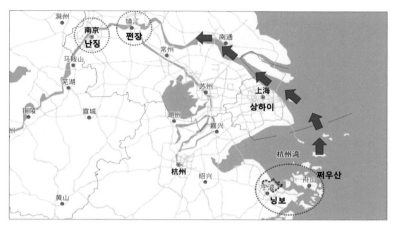

절동지역 함락 후 장강으로 진입하는 영국군

　1842년 7월 21일, 영국군은 병사 12,000명, 60여 척의 전함, 600문이 넘는 포를 총동원하여 쩐장성(鎭江城) 밖에 주둔하고 있던 청의 팔기군을 공격하였다. 치열한 전투 끝에 영국군은 185명이 사망했고 청의 군대는 전멸하였다. 쩐장의 사령관 하이링(만주족)은 자살했고 쩐장 성내는 파괴되고 불탔다. 쩐장의 장강 건너편에는 양저우(揚州)가 있다. 쩐장이 어떻게 되었는지 두 눈으로 똑똑히 본 양저우의 관리들과 상인들은 백은 50만 량을 모아 영국군에 바치면서 양저우 점령을 면해줄 것을 부탁했다.

　영국군은 다시 장강을 따라 서진하였다. 헨리 포팅어는 수백 년 동안 중국 제2의 수도였던 난징을 겨누었고, 1842년 8월 4일에 영국 함대는 드디어 난징성 강변에 도달했다. 포팅어는 곧바로 군대를 난징성 강변으로 상륙시켜 지형을 살폈고 지체 없이 난징성을 공격할 것을 선포했다. 영국군의 위력을 당해낼

함락 직전의 쩐장(镇江)

수 없음을 절감한 청 정부는 종실 아이신줴러·치잉(耆英)을 흠
차대신으로 임명하여 난징으로 보냈다.

1842년 8월 29일, 영국 군함 "콘월리스호(HMS Cornwallis)" 선
상에서 헨리 포팅어(Henry Pottinger)와 치잉(耆英) 간에 《난징조
약》이 체결되었고 이로서 2년을 넘게 벌여온 아편전쟁은 종결
되었다.

미몽 속의 제국

《난징조약》 체결 장면

전쟁의 득실

　《난징조약》은 패전조약이었으므로 조약의 내용은 모두 영국에게 일방적으로 유리하게만 되어 있었다. 여태껏의 역사에서 중국이 전쟁에 진 적은 여러 번 있었지만 이렇게 일방적인 패전조약을 맺는 건 이번이 처음이었다. 모두 13조항으로 구성되어 있는 이 조약의 주요 내용은 다음과 같다.

　1. 중국은 영국의 자산(아편) 손실과 군비에 대한 배상으로 백은 2,800만 냥을 배상한다(당시 청 정부 한 해 예산의 절반보다도 많았다).
　2. 중국은 홍콩을 영국에 할양한다.
　3. 광저우(广州) 13행의 독점을 폐지하고, 푸저우(福州), 샤먼(厦门), 닝보(宁波), 상하이(上海)의 추가 네 항구를 통상 항구로 개방한다. 영국 상인은 누구나 원하면 이곳에 와서 자유로이 무역을 할 수 있으며, 영국 정부는 이곳에 영사를 파견하

여 상주시킨다.

4. 영국은 난징과 대운하, 그리고 쩐하이 기지에 주둔한 군대를 물린다. 그러나 닝보와 샤먼의 군대는 청이 배상금을 모두 지불할 때까지 주둔한다.

조약의 내용으로 봤을 때 영국은 '광저우 Single Port 체제'를 해체하고 '5구 통상'으로 만들었으니 그간의 숙원 사업을 이룬 셈이고, 중국은 호미로 막을 수 있는 것을 가래로 막은 셈이 되었다. 난징조약의 13개 조항만 봐서는 중국이 홍콩을 떼어준 것과 거액의 배상금을 문 것을 제외하곤 크게 주권 상실이라 할 만한 건 없다. 그러나 진짜 문제는 뒤이어 체결된 부칙 조약들이었다. 영국은 《난징조약》의 세부 조항이 필요하다며 이듬해에 청 정부와 《오구통상장정》 15조와 《호문조약》 20조를 체결하였다. 이들 부칙 조약에는 다음과 같은 규정들이 있었다.

1. 영국인과 중국인 간의 다툼이나 분쟁 발생 시 영국인은 중국의 사법 재판을 받지 않고 영국 영사의 심판을 받는다(영사심판권).

2. 영국 군함은 5개 통상 항구에 정박하여 상인을 보호할 수 있다.

3. 영국은 5개 통상 항구에 땅을 조차(租借)하여 집을 지을 수 있다.

4. 중국의 수입 관세는 5%로 고정하되 조정 시 사전에 영국 측과 협의한다.

5. 앞으로 중국이 다른 나라에게 주는 모든 이익은 영국이 자동으로 향유한다(최혜국 대우).

이로써 중국은 다섯 개의 항구에서 사법 주권, 조세 주권을 내어주었고 상하이, 샤먼 등지에 또 하나의 서양 세계인 조계지가 형성되기 시작하였다. 그야말로 '삼천 년 역사에서 경험해보지 못했던 거대 변화[62]'를 맞이하게 되었다.

곧이어 미국과 프랑스가 이 틈을 놓치지 않고 역시 군함을 몰고 와 무력 시위를 하였고, 이미 전의를 상실한 청 정부는 군함만 봐도 화들짝 놀라며 이들과 차례로《망하조약望厦条约》,《황포조약黄埔条约》을 맺었다. 이 조약 역시 최혜국 대우 조항이 들어있었고 이로써 중국은 한쪽과 수정을 하면 자동으로 다른 국가들에게도 적용되면서 갈수록 불리한 조항 속으로 빠져 들어갔다. 게다가 뒤이어 포르투갈, 스페인, 네덜란드, 독일 그리고 벨기에, 오스트리아, 헝가리, 이탈리아, 스웨덴 등 예전 같으면 상대해주지도 않았을 법한 나라들조차 벌떼처럼 몰려와 조약을 맺었다.

---

62) 청 말의 재상 리훙장(李鴻章)이 자신이 처한 시기를 두고 한 말이다. 4부 시작 페이지 참조.

14장

해국도지(海國圖志)

피끓는 웨이위엔

'천비초약'으로 홍콩이 할양되었다는 소식(물론 청 정부는 동의하지 않았지만)은 많은 중국인의 피를 끓게 하였고 이들의 조국에 대한 열정에 불을 지폈다. 양저우에서 저술활동 중에 있던 웨이위엔(魏源)이 린쩌쉬가 파직되었다는 소식을 접한 건 1840년 10월 하순이었다.

"지금 이 순간 중국에 정말로 필요한 사람이 관복을 벗게 되는 이 상황은 무엇이란 말인가? 진정 이 나라는 썩어빠진 주화파들의 손에 놀아나게 되는 것인가?"

생각해 보니 이 모든 것은 주관 없이 간신들에 의해 이랬다저랬다 하는 황제가 더 문제였다.

"아~ 정암(공즈쩐)의 말이 틀리지 않았구나!"

이듬해 춘절 즈음하여 천비 앞바다에서 중국 해군이 속절없이 당했다는 소식, 호문 포대가 포격을 맞고 점령되었다는 소식 그리고 천비초약 체결의 소식을 접하고는 피가 거꾸로 흐르는 것 같았다. 그의 분노의 대상은 주화파 정치인들과 황제말고도 하나가 더 있었다.

"왜 우리의 대포는 사정거리가 저들의 절반에도 못 미치는가! 천조의 나라라며 목에 힘주던 우리는 무얼 하고 있었으며 저들 세상에 대해 도대체 무얼 알고 있는가?"

그는 린쩌쉬에게 편지를 보냈다. 린쩌쉬에게 위로의 말을 하였고 그러다 보니 자연히 그를 이렇게 만든 작금의 정치 현실에 대한 비판으로 이어졌다. 이어서 그는 '지금 이 국난의 순간에 붓을 잡고 있는 것은 의미가 없으며 영국과의 전쟁에서 자신이 뭔가를 하고 싶다'는 뜻을 전했다.

2월 하순에 린쩌쉬로부터 회신이 왔다. 자신은 잘 있으니 걱정 말라는 말과 함께 마침 그가 잘 아는 후배인 위첸(裕謙)이 양강 총독으로 와 있고, 그도 웨이위엔과 같은 인재가 필요할 것이라 했다. 물론 린쩌쉬는 위첸에게도 웨이위엔을 소개하는 편지를 보냈다. 다음 달에 웨이위엔은 난징의 양강 총독부를 찾았고 이렇게 그는 위첸의 막부로 들어갔다. 전쟁이 발발하고 반년이 지난 후였고 그의 나이 48살이었다.

웨이위엔이 위첸의 막부에서 일한 기간은 그리 길지 않았던 걸로 보인다. 이 기간에 그가 구체적으로 어떤 일을 했는지는 나와있지 않으나 한 가지 주목할 만한 사실은 이 시기 그가 '포로 심문'의 일에 앞장섰다는 점이다. 이는 무얼 의미하는 걸까? 그는 영국이란 나라, 나아가서 서양에 대해 알고 싶었다. 웨이위엔은 이 모든 것이 중국이 서양에 대해 무지했기 때문이라 생각했고 자신도 이 무지에서 벗어나려면 서양인을 만나야 했다. 사실 린쩌쉬도 이와 비슷한 일을 한 적이 있다. 호문 아편 소각 사건이 벌어진 후로 홍콩, 마카오 부근 해안에서 소규모 해전이 벌어지곤 했는데, 린쩌쉬는 이때 잡혀 온 영국군 포로를 직접 심문하면서 많은 정보를 얻었다. 또한 그는 서양을 소개하는 서적과 광저우, 마카오에서 발행되는 서양인들의 간행물을 수집하여 번역시켰다. 물론 린쩌쉬의 정보 수집은 곧 벌어질지 모르는 전투를 대비하기 위한 목적이 주였고, 웨이위엔의 포로 심문은 '무지에서 벗어나기 위한', '서양에 대한 이해'를 위한 것이었다.

린쩌쉬, 유배 명령을 받다

1841년 5월 하순 어느날, 웨이위엔은 린쩌쉬로부터 또 한 통의 편지를 받았다. 거기에는 폐하로부터 4품의 품계를 하사받음과 함께 저장성으로 이동하라는 교지를 받았고 자신은 곧 저장성 쩐하이(鎭海)로 출발할 것이라 적혀있었다. '4품의 품계를 하사 받았다'고 했지만 사실은 종1품에서 5~6등급이나 강등된 것이었다. 그러나 편지에서 린쩌쉬는 자신에게 재기의 기회가 주어진 것과 위쳰과 같이 일을 할 수 있게 된 것에 대해 희망과 기대의 감정을 숨기지 않았다. 몽고족 위쳰(裕謙)과 린쩌쉬는 정치 초년부터 친분이 있었고 더구나 린쩌쉬가 장쑤성 순무를 할 때 위쳰이 장쑤성 안찰사를 하면서 서로 호흡을 맞춘 적이 있었다. 이 둘은 서로 뜻이 통했고, 비록 오랫동안 만나지는 못했어도 서신으로 꾸준히 교류해왔다. 자신이 존경하는 선배가 관할 지역의 부하로 온다는 소식을 접한 위첸은 린쩌쉬가 도착하기도 전에 쩐하이(镇海) 포대 구축이라는 중요한 업무를 그에게 안배했다. 원래 저장성(절강성)은 민절 총독[63]의 관할이었지만 당시는 전시 상황이라 양강 총독이 흠차대신을 겸하고 있었고 그래서 그가 저장성의 군사 업무까지 관할하였다.

웨이위엔도 마음이 들떴다. 린쩌쉬가 양강 총독의 관할 지역으로 부임했으니 머지않아 자신도 만날 기회가 있을 것이고 다시 의기투합할 수 있을 거라 기대했기 때문이다.

린쩌쉬는 1841년 6월 10일에 쩐하이(镇海)에 도착했다. 광저우에서 수많은 진지를 만들었던 그는 누구보다도 포대 구축에 경험과 노하우가 많았다. 그달 말에 양강 총독 위첸이 린쩌쉬를 보러 쩐하이로 왔다. 이들은 통쾌하게 술을 마시며 재회의 기쁨과 회포를 풀었고 린쩌쉬는 영국과의 전쟁에 대한 자신의 조언을 아낌없이 쏟아부었다.

그러나 그의 쩐하이 생활은 1달밖에 가지 못했고 다시 시련이 시작된다. 7월 13일 린쩌쉬에게 6월 28일 자 황제의 교지가 도착했다.

"임칙서의 4품 관직을 박탈하고 신장 이리(新疆伊犁)[64]로 '견

---

63) '민(闽)'이란 푸젠성(福建省)을 의미하며 '절(浙)'은 저장성(浙江省)을 의미한다.
64) 신장성의 가장 서쪽 변경 지역으로 카자흐스탄과 국경을 맞대고 있다.

수(遣戍)'를 명한다."

견수(遣戍)란 고위 대신이 죄를 지었을 때 자신의 모든 직책을 내려놓고 변방의 수비군으로 종군하는 것을 말한다. 사실상 유배나 마찬가지였다. 린쩌쉬는 다음 날 길을 떠났다. 그의 나이 57세였다.

『해국도지』의 탄생

웨이위엔은 린쩌쉬로부터 온 편지를 통해 그의 유배 소식을 접하게 되었다.

"도대체 형님이 무슨 잘못을 그렇게 했다는 말인가!"

그는 끓어오르는 울분을 주체할 수가 없었다. 서신에서 린쩌쉬는 자신이 가기 전에 만나서 할 얘기가 있으니 7월 마지막 날에 쩐장(镇江)에서 만나자고 했다.[65]

1841년 7월 31일 해 질 녘, 장강이 보이는 한 객잔 앞에서 웨이위엔은 린쩌쉬를 기다리고 있었다. 저 멀리서 그가 보였다. 유배자의 신분이었기 때문에 마차를 타지 못했다. 웨이위엔은 달려 나가 그의 두 손을 잡았다.

"형님…….."

---

65) 저장성 쩐하이에서 장쑤성 쩐장은 오늘날의 고속도로로 370km 거리이니 당시에는 도보로 보름 정도 걸렸을 것이다.

"묵심, 오랜만일세……."

그들은 옛일을 추억하며 만감이 교차했다. 쩐장은 9년 전 에 머스트호 사건을 상의하기 위해서 양강 총독 타오슈, 타오슈의 참모 웨이위엔 그리고 장쑤성 순무로 부임을 위해 이동 중이던 린쩌쉬가 함께 만났던 곳이다.

"우환이 끊이지 않고, 게다가 다른 나라(러시아 등)까지 이를 따라 하며 위협을 하려 하니 정말 걱정일세."

"그러게 말입니다. 오히려 러시아가 더 화근일 수 있습니다."

"맞는 말일세. 영길리와 프랑스는 이익을 좇지만 러시아는 다르네. 이들은 우리의 영토를 원하지."

"우리 중국이 어쩌다 이 지경이 됐습니까?"

"음……."

린쩌쉬는 잠시 생각을 하더니 이렇게 말했다.

"저들의 기술은 확실히 우리보다 앞서 있네. 우리가 노를 저어서 배를 몰 때 저들은 검은 연기를 내는 화륜선을 타고 몇 배나 빠르게 이동하지. 우리는 대포 20문을 넣을 수 있는 배가 몇 척 없는데 저들은 100문을 넣고 쏴대니 상대가 되겠나. 우리가 쓰고 있는 홍이대포(紅夷大炮)는 명나라 때 만들어진 거라네. 벌써 200년이 넘었지. 저들하고 사정거리와 화력에서 비교가 안되네."

"형님은 저들의 기술이 이렇게나 앞서 있었는지를 알고 계셨습니까?"

"아니네, 나도 이번에 저들과의 전쟁을 겪으면서 알게 되었지. 조정 대신 중 어느 누구도 저들에 대해 알고자 하지 않았다네. 저들의 국왕은 우리의 천자와는 좀 다른 것 같더군. 의회라는 곳에서 국가 대사가 결정되고 왕은 통치하지 않는다는 거네. 난 그것도 모르고 저들의 여왕에게 장문의 서신을 보냈지 뭔가. 허허."

린쩌쉬는 멋쩍다는 듯이 헛웃음을 지었다.

"그게 문제입니다. 우리는 수백 년 동안 잠을 자고 있었습니다. 눈과 귀를 닫으며 우리의 천하에 빠져 다른 세상을 쳐다보려고조차 하지 않았던 거죠. 저들은 우리를 훤히 알고 있는데 우리는 저들에 대해 아는 게 없지 않습니까? 우리 중국은 오랫동안 "천조는 상국이다."에 근거하여 외국을 모두 '오랑캐'로 보고 스스로 눈과 귀를 닫았습니다."

"맞네, 그게 내가 자네를 찾아온 이유일세. 역시 내가 사람을 제대로 봤군."

린쩌쉬는 커다란 짐 가방 하나를 가져와서 테이블 위에 올려놓았다. 가방을 풀자 거기에는 영어로 된 수십 권의 책과 잡지들, 번역본들이 있었다. 그중 『사주지四洲志』라 쓰인 두꺼운 책이 웨이위엔의 눈에 들어왔다.

"재작년 말이었지. 영국 상선 한 척이 경주(琼州, 하이난) 근처에서 풍랑을 맞아 침몰했는데 구조된 선원들을 내가 직접 심문한 적이 있었네. 그들로부터 많은 걸 알아냈지. 내가 아편이 어디서 오냐고 물었더니 그들이 대는 나라 중에 터키라는 데가 있는거야. 그래서 내가 터키가 미국에 있냐고 물었더니 키득키득 웃더군. 그들은 터키의 위치, 역사 그리고 유럽에 대해서도 많은 걸 알려주었네. 서양에는 스스로 움직이는 기계가 실을 뽑고 천을 짜며, 증기선이 다녀서 수천 리를 단숨에 간다는 것도 그때 처음 알았지. 그때 난 깨달았네. 우리는 저들보다 한참을 뒤져 있다는 것을. 종1품 대신이면 뭐하나? 한낱 상인보다도 세상에 대해 모르는데."

"그럼 저들의 기술을 배워서라도 우리의 실력을 높여야 하지 않겠습니까? 저들의 침략으로부터 우리 문화를 지키려면 저들의 장점을 배워서 우리의 힘을 길러야 하지 않겠습니까?"

"바로 그걸세!"

"그 일이 있은 후로 나는 저들의 정보를 수집하기 시작하였네. 여기에는 광저우 이관 구역에서 발행되는 양인들의 신문도 있고 오문(마카오)에서 간행되는 잡지도 있네."

린쩌쉬는 종이 더미에서 이것저것 뒤지다가 뭔가를 발견하더니 꺼내서 웨이위엔에게 보여주었다.

"이건 내가 위안(袁德辉)[66]과 파커씨(Peter Parker)[67]에게 부탁하여 번역한 건데 스위스 사람이 쓴 『국제법』이라네. 우리가 저들을 상대함에 있어서 국제법과 국제 관례를 모르면 안 될 걸세. 한번은 엘리엇에게 국제법 조항을 들며 따지자 놀랐는지 한

---

66) 청 말의 번역가, 통역가, 천주교도. 일찌기 천주교로 개종하여 말레이시아 페낭의 신학교에서 공부한 후 영국 런던회가 말라카에 설립한 '영화서원(英华书院)'에서 공부하였다. 영어, 라틴어, 중국어에 모두 능했고 학업성적이 출중하여 영화서원의 장학금을 받기도 하였다. 1838년에 광저우로 돌아온 후 이듬해에 린쩌쉬에게 발탁되어 린쩌쉬의 번역팀을 이끌었다.
67) 중국에 최초로 온 미국인 의학 전도사. 1834년에 중국에 와서 1838년에 중화의약전도회를 설립하였다. 1839년에 임칙서의 탈장병을 치료하였다.

마디도 못 하고 얼버무리더군."

"어떻게 그런 생각을 다 하셨습니까? 형님께서 번역 부대를 운영하고 계시다는 말은 들었는데 다 이런 일을 하기 위함이었군요."

"위안(袁德辉)을 만난 건 행운이었네. 그 친구가 없었으면 이런 일들을 하지 못했을 걸세."

린쩌쉬는 말을 이어갔다.

"그리고 운좋게 나는 무루이(慕瑞)라는 영국인이 『세계지리대전世界地理大全』이란 걸 만들었다는 사실을 알게 되었지. 그래서 13행 사장들을 닦달하여 어렵게 구했네. 여기에는 세계 각 대륙과 나라들의 위치, 그 나라에 대한 소개까지 있네."

그가 보여준 『세계지리대전』이란 영국인 지리학자이자 탐험가인 Hugh Murray가 1834년에 간행한 『Encyclopdia of Geography』의 초판이었다.

"그리고 나는 이 책들을 번역하여 『사주지四洲志』라는 걸 만들고 있었네. 우리 중국인들에게 저 밖에는 훨씬 큰 천하가 있다는 걸 알려주고 눈을 크게 뜨고 세계를 보라고 말하고 싶었지."

린쩌쉬는 8만 7천 자에 달하는 두꺼운 『사주지』 초안을 웨이위엔에게 건넸다.

"내 인생의 마지막 소임이라 생각하고 완성하려 했는데 일이 이렇게 되었지 뭔가. 신장에 가면 이런 일을 할 수 없을 걸세. 난 이미 글렀어. 그래서 자네가 이 책을 완성해주기를 부탁하네. 아니 이 책을 바탕으로 더 자세한 걸 만들어 세상 사람들에게 보여주게. 각 나라의 사회, 문화, 제도뿐 아니라 이들의 기술까지도 설명할 수 있으면 좋겠네. 그래서 사람들에게 우리가 저들의 기술을 배워야 한다는 걸 깨우쳐 주게나. 아무리 생각해도 자네밖에는 이 일을 할 수 있는 사람이 없네."

웨이위엔은 말없이 잠시 린쩌쉬의 눈을 쳐다보았다.

"형님, 조국의 강산을 지키는 일은 길고도 긴 여정일 겁니다. 형님께서도 분명 재기하여 이 나라에 다시 공헌할 일이 있을 테니 그때까지 건강을 조심하는 것이 가장 중요합니다."

그날 밤 그들은 별이 쏟아지는 장강 변에서 무릎을 맞대고 밤새도록 이야기를 나눴다고 한다. 훗날 웨이위엔은 이러한 시를 써서 당시의 장면과 감회를 표현했다.

해 질 녘 다급하게 만난 우리, 슬픔과 기쁨이 교차하네.
두 사람은 서로 마주 보았다만, 서로를 위로할 말을 찾지 못하네.
간신 소인배들의 모함을 받아 군자는 조정을 떠나지만, 여전히 나랏일을 고민하고 먼 걱정을 하네.
쩐장의 밝은 달빛 아래 우리는 흉금을 터놓고 이야기했다.

엇갈린 『해국도지』의 운명

린쩌쉬가 떠나고 얼마 있지 않아 웨이위엔도 양강 총독 막부에서 나와 곧바로 린쩌쉬가 당부한 저술 작업에 착수하였다. 그

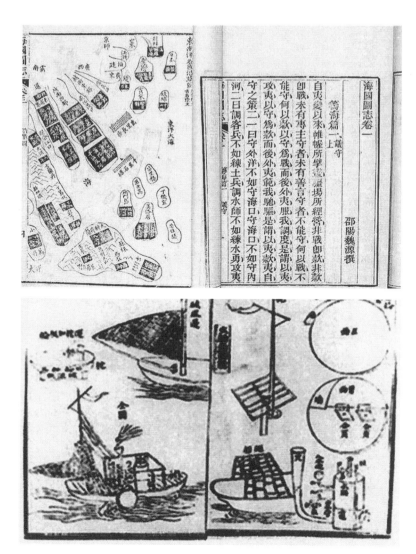

웨이위엔의《해국도지》

리고 1년 반이 지난 1843년 1월, 웨이위엔은 총 50권, 88만 자의 『해국도지海国图志』 편찬을 완성하였고 그해 2월에 출간하

미몽 속의 제국

였다. 19세기 말 위대한 개혁 사상가 량치차오(梁启超, 양계초)에 의해 "경세(经世)의 저작"으로 불려진 이 책은 서방 국가들의 경제, 정치, 법률, 문화, 종교, 역법 그리고 각종 선진 과학기술을 총망라하고 있는 당시로서는 가장 상세하고 완전한 세계 지리 백과사전이었다. 이후 웨이위엔은 지도와 정보를 추가하고 보충하여 1847년에 60권짜리 증보판을 출간하였고, 다시 5년 후인 1852년에 100권짜리 중간본(重刊本)을 출간했다. 이 판본은 서양 각국의 기술에 대한 소개와 함께 서양 군대에 구비되어 있는 무기에 대해서도 구체적이고 체계적으로 소개되어 있었다. 60권 본에서 간략하게나마 무기 제작법을 일부 제공하였지만 100권 본에서는 무기의 기계도, 군함의 구조, 증기 기관의 원리까지 그림을 그려가며 설명하였다.

그는 서두에서 『해국도지』를 편찬한 목적을 명확히 밝혔다.

"이 책을 왜 집필했나? 오랑캐로 오랑캐를 공격하고, 오랑캐의 기술을 배워서 오랑캐를 막기 위함이다."

『해국도지』에서 웨이위엔은 2천년 동안 '신성한 옛 유훈'으로 받아들여져 왔던 '오랑캐와 화하민족을 엄격히 나누어 오랑캐의 저열한 문화가 한족에게 들어오지 않도록 하는 것'을 진부한 관점이라 비판하고, 외국을 이해하는 것이 급선무이며 그것이 야말로 새로운 가치관이라 하였다. 또한, 그는 통치집단의 외국에 대한 무지가 전쟁 참패의 주요 원인이라고 예리하게 폭로하였다.

"작금의 상황은 누군가 서양의 군대와 배를 도입하자고 하면 그들(안목이 낮고 고루한 조정의 정치인들)은 오랑캐를 이용하여 우리의 약함을 드러내려 한다고 비난하고, 정작 진짜로 우리의 약함이 몇 배로 드러났을 경우에는 상황을 받아들이며 아무 말도 하지 않는다. 만약 배를 건조하고 총포를 제작하기 위해 서양의 기술을 배워야 한다고 하면 (이들은) 돈을 너무 낭비한다고 한다. 하지만 정작 이보다 열 배로 돈이 들어가는 상황(배상금 또는 영토할양 등)에는 급한 불을 끄기 위해 어쩔 수 없는 일이라며 아까워하지 않는다. 서양의 정황을 이해하기 위해 서양 서적을 번역하면 이들은 괜히 쓸데없는 일을 한다고 한다. 그러다가 정작 일이 터지면 영국의 수도가 어디이며, 러시아의 수도가 어디에 있는지를 묻거나, 영국이 어떻게 회족 지구와 연결되는지를 묻는다. 심지어는 속국이 된 구르카족[68]에게 인도를 공격하라고 요청했다가 거부당한 사실이며, 프랑스와 미국이 군함과 차관을 원조해 주고자 하는 것이 도대체 무슨 상황인지 전혀 알지 못한다. (우리와) 2백년 동안 왕래해 왔던 나라인데 그들이 어디에 있는 사람들인지, 그들이 무슨 생각을 하고 있는지 모르고 있으니 과연 이들을 외교 사무에 관심을 두고 있는 사람이라 말할 수 있겠는가?"

동시에 그는 영국이 싱가폴을 기지로 하여 중국 곳곳의 정보를 정탐하는 것을 들며 중국과 대비하였다.

"(영국인들은 싱가포르에) 영화서원(英华书院)을 세우고, 중국인

---

68) 구르카인. 전투를 잘 하는 네팔 민족. 용병으로 많이 쓰였다. 1792년 청-구르카 전투에 의해 청의 조공국이 되었다.

을 선생님으로 초빙하여 중국어를 가르치고, 중국의 경사자집 (경서와 역사서, 제자, 시문)과 그림 지도를 간행하였고 이를 통해 중국 정세의 허와 실에 대해 통찰하고 있다. 그러나 중국인들은 아무도 이들의 상황에 대해 알지 못하며, 아무도 이들의 장점을 배우려 하지 않는다. 탄식하지 않을 수 있는가!"

웨이위엔은 또한 외국의 지식을 전파하는 것은 분명 완고보수 세력의 심각한 투쟁에 직면할 것이라 예상했는데 이는 정확했다. 안타까운 것은, 후에 "경세(经世)의 저작"이라 불린 이 책은 정작 당시 중국인들에게는 큰 주목을 받지 못했다는 점이다. 『해국도지』가 조정에 바쳐졌지만 사리 분별을 못하는 청 통치자의 눈에 이것은 한 무더기 폐휴지와 같았다. 이 책은 그렇게 아무런 주목을 받지 못했고 가득히 고인 물속에 빠진 것처럼 작은 물결조차 일지 못하고 방치되었다.

함풍 8년, 때는 해국도지 초판이 나온 지 15년이 지난 1858년이었다. 병부좌시랑 왕마오인(王茂荫)은 황제에게 상소하기를 "신(臣)은 『해국도지』란 책을 본 적이 있습니다. 총 50권으로 되어 있습니다. 이 책에는 해외의 여러 나라들, 영토의 형세, 풍토와 사람들의 특성에 대해 상세하게 설명하고 있으며 ……… 중략 ……… 방어 계책, 전투 방법 등 모든 것이 매우 상세히 서술되어 있습니다. ……… 이 책이 경성에 있으니 폐하께서 채택할 만하다고 생각하신다면 다시 간행이 되도록 칙령을 내려주시기를 건의드리는 바입니다. 그래서 이 책을 친왕과 대신들 집에 한 권씩 두도록 하고, 팔기의 귀족들(亲室八旗)로 하여금 배우게 하면, 비록 양이를 막는 것이 어렵지만 그것이 불가능한 것이 아니라는 걸 알게 될 것입니다."[69] 당시 이미 100권짜리 중간본이 세상에 나온 후였지만 왕마오인은 아직 50권짜리를 얘기하고 있는 걸로 보아 『해국도지』가 당시 베이징의 정치인들에 의해 얼마나 외면받았는지를 짐작할 수 있다. 그나마 왕마오인은 뒤늦게나마 이 책의 진가를 발견하고 황제와 대신들의 일독을 건의했던 깨어있는 사람이었다. 그의 건의가 받아들여졌으면 『해국도지』가 세상의 빛을 받으며 정계에 어느 정도 반향을 일으켰을 수도 있다. 하지만 그의 건의는 채택되지 않았고 이렇게 『해국도지』는 유리창(琉璃厂)[70] 서점가의 구석탱이에서 내내 빛을 보지 못하였다.

조선은 어땠나? 조선에는 이 책이 출간되고 얼마 지나지 않은 1845년에 베이징에 사신으로 갔다 온 권대긍에 의해 소개되었다. 그러나 중국과 마찬가지로 왕을 포함한 국가 지도층은 이 책에 대해 시큰둥하였다. 때는 아편전쟁이 끝나고 얼마 지나지 않았으므로 조선 정치인들이 서양의 힘과 아편전쟁 후의 중국의 변화에 관해 관심을 가졌을 법하다. 그런데 왜 『해국도지』가 주목받지 못했을까?

일본과 달리 조선은 아편전쟁에 대해 정확한 정보를 가지고

---

69) 袁伟时의 1992년 논문 『经世致用思潮与鸦片战争后改革的延误』에서 『治法治人之本在明德养气折』와 『筹办夷务始末』 중에서 인용한 구절을 재인용 하였음.
70) 베이징에 위치한 서적과 그림, 글씨 등을 전문적으로 판매하던 서점가이다. 지금은 우리나라의 인사동처럼 고서화를 판매하는 골동품 구역이 되어 있다.

있지 않았다. 조선이 접하는 중국의 정보란 일 년에 두세 번 가는 사신단에 백 퍼센트 의존했는데 베이징에서 접하는 아편전쟁에 대한 정보란 게 그 실상과는 사뭇 달랐기 때문이다. 후세의 많은 사람은 아편전쟁이 중국인들의 자각을 일깨웠고 이로써 개화의 물결이 일었을 거라 생각하지만 실은 그렇지 않았다. 아편전쟁은 수도 베이징에서 한참 떨어진 남방에서 벌어진 전쟁이었기에 북방의 일반인들은 "남쪽 해안 어딘가에서 양이와 교전이 일어났다더라." 정도로만 알고 있었을 뿐 그 심각성에 대해 인지하지 못하고 있었다. 또한 내지에서의 충돌 없이 해상 전투와 해안방어전으로만 진행되었고 기껏해야 항구도시나 장강 연안 도시를 점령당하는 것에 그쳤다. 물론 광저우와 전장이 점령당하는 과정에서 많은 사상자가 나오긴 했지만 영국군은 더 이상의 진격이나 장기 주둔에는 관심이 없었다. 린쩌쉬와 웨이위엔의 말대로 이들의 목적은 영토가 아니었기 때문이다. 청 황제 역시 난징조약을 "만년화약(万年和約, 영원한 평화조약)"이라 부른 것에서 알 수 있듯이 열강의 침입이 계속되리라는 위기감 같은 건 없었다.

무엇보다도 홍콩섬을 할양한 것을 제외하고는 영토의 손실이 없었기에 중국인들이 그간 가져왔던 전통적인 전쟁 개념으로는 잃은 게 별로 없는 전쟁이었을 수 있다. 이들이 진짜 "자각"을 하기 시작한 건 그보다 20년 후에 베이징이 점령당하고 원명원이 잿더미가 된 "2차 아편전쟁"부터였다. 그러니, 베이징을 다녀온 조선의 사신들은 귀국 후 헌종에게 "별것 아니었다고 합니다."라는 식의 보고를 하였고, 조선의 영향력 있는 정치인들이

『해국도지』에 주목했을 리가 없다.

그러나 이 책의 진가를 간파한 사람들은 바다 건너에 있는 일본인들이었다. 정권 내내 쇄국정책을 펼쳤던 에도 막부 역시 일반인들이 서양에 관계된 정보에 접근하는 것을 차단했다.[71] 1851년 어느 날, 나가사키항 해관은 한 척의 중국발 상선으로부터 다량의 서적을 압수하였는데 거기에는 『해국도지』 세 질이 포함되어 있었다. 『해국도지』는 이렇게 일본에 처음 들어왔으나 일본 정부는 이 책을 금서로 지정하였다. 국내에 반입된 시기로는 오히려 조선보다 한참 늦은 셈이다.

그러나 1853년 미국 페리(M. C. Perry) 제독의 함포 외교 사건을 겪고 개항을 하게 되면서 이 책은 다시 일본인들의 주목을 받기 시작한다. 이듬해에 나가사키현은 중국으로부터 15질의 『해국도지』를 구매하였다. 이 중 7질은 막부가 가져갔고 나머지 8질을 시장에 풀었는데 이들은 아주 비싼 가격에 판매되었다. 그 후 정식으로 수입이 허가되자 『해국도지』는 나가사키, 오사카, 쿄토, 도쿄 등지로 급속도로 퍼졌다. 정치인, 학자, 사무라이 할 것 없이 이 책을 몇 장 들춰본 사람이면 푹 빠져들었고 서로 보려고 필사하였다. 급기야 1856년에는 일본어로 번역된 인

---

71) 에도 막부(1603~1867): 오늘날의 도쿄인 에도를 수도로 하였다고 하여 에도 막부라 불리고 쇼군의 성을 따서 도쿠가와 막부라 부르기도 한다. 에도 막부는 지방 영주(다이묘)에 대해 비교적 강한 지배력을 가지고 있었으며, 성립 후 약 30년 이 지난 1630년 대 중반에 기독교를 완전히 금지하고 외국과의 교류를 끊는 쇄국정책을 단행한다. 그러나 나가사키를 통한 네덜란드와 중국과의 무역만은 지속하였다.

쇄본이 나오기 시작했고 나오자마자 베스트셀러가 되어 일본 전역에 인쇄본이 20종류가 넘었다. 20개가 넘는 출판사가 이 책을 번역하여 찍어냈던 것이다. 간행된 부수로는 일본이 중국보다 훨씬 많았을 거로 생각된다. 조선에서는 단 한 부도 인쇄되어 나오지 않았다.

일본에서 이 책은 "해방보검(海防寶劍)[72]"이라는 영예로운 별명으로 불렸고 "천하의 사무라이라면 필독해야 하는 책"으로 간주되었다. "서양의 장기(기술)를 배워서 서양을 제압한다."라는 이 책의 중심사상은 일본이 세계를 이해하고 부국강병의 길로 가는 데 결정적인 역할을 하였다. 사쿠마 쇼잔, 요시다 쇼인, 사이고 다카모리 등 에도 막부 말기부터 메이지 유신까지의 일본 개혁에 중요한 영향을 끼쳤던 사람들은 대부분 『해국도지』의 열렬한 독자였다.

당시 이 책이 일본에서 얼마나 선풍적인 인기를 끌었고 중국인들에게는 얼마나 외면 받았는지를 보여주는 에피소드가 있다. 1871년 7월 중국과 일본 간에 《청일수호조규》가 체결된 후 중국은 자국의 해군 장교들을 일본으로 연수 보낸 적이 있었다. 이때 이들은 일본 사관 생도들이 저마다 손에 무슨 책을 들고 있는 걸 발견했는데 알고 보니 그것은 모두 『해국도지』라는 한 가지 책이었다. 그리고 이들은 그것이 중국 사람에 의해 편찬된 책이란 걸 알고는 한 번 더 놀랐다고 한다.

---

72) 여기서의 '해방(海防)'은 "해상 방어", "해안 방어"의 뜻이고, 이는 곧 외국과의 군사 충돌에 대비한 해군력을 말한다.

『해국도지』를 둘러싼 조선과 일본, 이 두 나라의 차이는 어디에 있었을까? 일본은 조선과 달리 아편전쟁에 대해 거의 실시간이며 정확한 정보를 파악하고 있었다. 이들의 정보 채널은 '나가사키-광저우' 간 빈번하게 오가는 자국과 네덜란드 상선이었다. 일본은 에도 막부 시대 내내 쇄국정책을 펼치긴 했지만 그래도 네덜란드와 중국과의 무역은 열어 놓았는데 그것이 후에 그들의 근대화에 큰 보약이 되었다.

일본 양학(서양을 배우는 학문)의 시조인 '사쿠마 쇼잔'은 대정봉환[73]의 주인공인 가쓰 가이슈, 요시다 쇼인, 사카모토 료마를 모두 제자로 두었던 사람이다. 그는 원래 주자학을 전공한 유학자였으나 1842년 중국이 아편전쟁에서 패배했다는 소식을 접하고는 열렬한 서양학자로 변신했다. 그는 서양 학문을 배우기 위해 네덜란드어를 배우기까지 하고 대포의 제조 기술을 친히 배웠다. 아편전쟁이 한쪽에는 아무런 영향도 주지 못했고, 한쪽에는 세계로 눈을 뜨게 하는 열풍을 탄생시켰다. 사쿠마 쇼잔은 『해국도지』의 열렬한 독자였고 이 책을 읽고 20만 자에 달하는 독서 감상문을 썼다. 물론 이 독서필기는 메이지유신 시대에 일본사회 변혁의 중요한 참고자료가 되었다.

조선에서도 이 책의 진가를 간파한 선각자가 있었다. 역관 오경석[74]은 그의 5차 연행(1857.10~1858.3) 때 『해국도지』 60권 판

---

73) 1867년에 일본 에도 막부가 반막부 세력의 권유와 압박에 의해 국가 통치권을 천황에게 돌려준 사건. 메이지 유신이 성공할 수 있었던 기틀이 되었다.
74) 앞서서 웨이위엔의 『경세문편』을 김정희에게 보내주었던 역관 이상적의 제자이다.

본을 구매하여 나귀에 싣고 들어와 자신의 친구 유홍기를 포함한 지인들에게 돌려 보도록 하였고, 이는 후에 김옥균, 박영효, 서광범, 김윤식 등 개화파의 탄생을 이끌었다. 조선은 1850년대 초반까지도 이 책을 읽은 사람이 손에 꼽힐 정도로 극소수에게만 열람되었는데, 한 깨어있는 역관에 의해 조선의 젊은 진보 지식인층에게 보급되었고 이렇게 뒤늦게나마 조선의 개화사상이 싹트기 시작했다.

박규수, 유홍기와 함께 개화파 비조 3인방으로 꼽히고 있다.

15장

역사의 필연과 비운의 충신

노(老)대신의 자살

1841년 8월 31일, 린쩌쉬가 무거운 발걸음으로 장쑤성 양저우를 지날 무렵 황제로부터 또 한 번의 조서가 내려왔다.

> "임칙서의 견수(遣戍 유배)를 보류하니 즉시 하남성 개봉으로 가서 수재 대응에 전력을 다하여 '장공속죄(將功贖罪, 공을 세워 죄를 씻음)'하라."

"하남성 수재? 폐하께서 왜 갑자기? 누군가 나를 도와준 게 분명하다. 누굴까? 혹시……?"

갑자기 린쩌쉬의 발걸음이 가벼워졌다. 카이펑(开封, 개봉)에서 공을 세우면 견수가 면제될 수 있을 거라는 희망이 생겼기 때문이다.

이 일은 이렇게 된 것이었다. 그해 여름에 허난성에 비가 그치질 않았고 급기야 7월에 카이펑 성(城)의 서남쪽 둑이 터지면서 카이펑 주변 30여 개 주와 현이 황하에 잠기는 초대형 수재가 터졌다. 도광제는 황급히 대신 회의를 소집했고 군기대신 왕딩(王鼎)을 현장에 급파하여 수재민 지원과 복구를 지휘하도록 했다.

"폐하, 황공하오나 하남의 수재는 너무 심각하여 저 하나로는 감당할 수 없을 것 같습니다."

"그러느냐? 그럼 적임자가 있으면 빨리 말해보거라."

"수재 복구와 수리 공정에 관해서는 천하에 임칙서만큼 많은 경험과 업적을 가지고 있는 사람이 없습니다. 임칙서를 투입하여 저를 도와 복구 사업에 공을 세우도록 하여 그의 죄를 씻도록 하는 게 좋을 줄로 아뢰옵니다."

옆에 있던 주화파 대신 무장아가 나서서 반대를 했다.

"폐하, 아니되옵니다. 임칙서는 전쟁을 불러일으킨 중죄인의 신분입니다."

황제가 일축했다.

"지금 수십만 명이 이재민이 되어 죽게 생겼는데 그런 거 따질 때가 아닌 것 같소. 왕 대신 말대로 합시다. 이번에 공을 세우면 내 임칙서의 죄를 면해주리라. 여봐라. 즉시 파발을 띄워 조서를 보내도록 하라."

왕딩(王鼎)은 누구인가? 당시 그는 호부상서, 직례총독을 거쳐 내각대학사겸 군기대신으로 무려 17년 동안 있었던 더 이상 올라갈 곳이 없는 원로 대신이었다. 린쩌쉬보다 15살이 많았으니 당시 그는 이미 74세였다. 젊은 날의 린쩌쉬는 그와 직급의 차이가 너무 커서 그의 눈에 띌 기회가 없었다. 그런데 1816년 9월 린쩌쉬가 장시성 향시의 부사정관(副考官)으로 잠시 파견나갔을 때 왕딩이 장시성의 학정(장학사)로 있었는데, 이때 일처리가 철두철미한 린쩌쉬의 모습이 그의 눈에 들었고 이때부터 그들은 교류하기 시작했다. 그는 린쩌쉬에게 있어서 또 한 명의 은사이자 그의 아편단속을 지지하는 정치적 후원자였다. 린쩌쉬가 흠차대신으로 활약할 때도 그가 중앙에서 반대파들의 공격을 막아주는 등의 정치적 방어막이 되어주었다. 자신이 아끼는 후배가 유배가는 것을 안타까워하던 그는 이번 허난성의 수재가 린쩌쉬를 구할 수 있는 절호의 찬스라 생각했다.

린쩌쉬는 카이펑에서 왕딩과 재회했고 이 둘은 온 힘을 다하여 수재 복구사업에 투신하였다. 제방 복구 공사는 거의 7개월이 지나고서야 완전히 끝이 났다. 결과는 대성공이었다. 1842년 3월 하순 어느 날, 왕딩은 제방 사업을 성공적으로 마친 것과 린쩌쉬의 재기를 축하하는 연회를 열었다. 공을 세웠으니 황제가 약속한 대로 린쩌쉬의 죄가 사해졌다고 생각한 것이었다.

그러나 기쁨도 잠시, 이때 청천벽력과 같은 황제의 조서가 또 한 번 하달되었다.

"작년에 임칙서의 죄를 물어 이리(伊犁)로 보내는 교지를 내렸으나, 동하(황하)의 수재를 수습하는 데 사람이 필요하여 그를 하공차도(河工差道, 하천 공사 관리 감독관)로 임명하여 보냈다. 이제 하천 공사가 끝이 났으니 임칙서는 이전의 교지를 계속 받들어 신장 이리(伊犁)로 가서 속죄하라."

75세 노대신의 심정은 어땠을까? 그는 자신의 후배 얼굴을 차마 똑바로 쳐다볼 수가 없었다.

"원무, 이게 도대체 무슨 경우인가! 폐하가 결국 소인배들에게 놀아나는구나. 아~ 내가 조정을 지켰어야 했는데."

이렇게 말하는 왕딩의 얼굴과 손은 부들부들 떨렸다. 그는 분노의 눈물을 흘리며 말을 이었다.

"무장아(穆彰阿)[75], 이 매국노 같은 놈. 정녕 이 나라가 소인배들의 혀끝에 망국으로 가는 것인가?"

한참을 말없이 있던 린쩌쉬가 무거운 말투로 입을 열었다.

"폐하의 뜻이 정 그렇다면 어쩔 수 없지요."

왕딩이 땅이 꺼지는 한숨을 내쉬었다.

"원무, 우리의 진짜 적은 저 바다 건너에 있는 게 아니었네!"

이번에는 린쩌쉬도 눈에 눈물이 차올랐다.

"시작부터 알고 있었습니다."

다음날 린쩌쉬는 왕딩과 작별인사를 했다.

"원무, 내가 바로 조정으로 올라가서 폐하께 구명을 요청하겠네."

"선배님, 전 괜찮습니다. 어쩌면 전 진짜로 죄인일지도 모릅니다."

"약한 맘 먹지 말고 잘 버티게."

"선배님, 제가 없는 동안 건강히 계십시오."

---

75) 꿔지아 무장아: 주화파의 대표인물, 군기대신, 만주족 1782~1856

1842년 6월 8일, 왕딩은 원명원내 군기처 별원[76] 대들보에 목을 맨 채로 발견되었다. 그는 이 일을 겪고는 린쩌쉬에 대한 미안함, 황제의 마음을 움직이지 못하는 자신의 무력함, 무엇보다도 주화파들에 의해 좌우되는 조정의 현실을 보며 "내가 뭔가를 해야겠다."라는 굳은 결심을 하였다. 청 정부는 그의 죽음을 병환으로 인한 자연사로 발표하고 그의 아들 왕항(王沆)으로부터 왕딩의 유서를 압수했다. 그래서 그의 유서 내용에 대해서는 알려진 바가 없으나 세상 사람들의 입을 통해 그중 한 구절이 전해져 내려오고 있다.

"조약은 가벼이 맺을 수 없고, 나쁜 선례는 만들어선 안 됩니다. 무장아는 기용할 수 없으며, 임칙서는 버리시면 안 됩니다."

"条约不可轻许 , 恶例不可先开 , 穆不可任 , 林不可弃也."

"변방을 향해 떠나면서 가족에게 몇 마디 읊다"

1842년 10월, 린쩌쉬는 섬서성 시안에서 아내와 이별을 고했다. 더 이상은 아내와 같이 갈 수 없었기 때문이다. 58살의 린쩌쉬는 눈물을 글썽이는 아내를 뒤로하고 성문을 나섰다. 그의 앞에 펼쳐진 서북의 척박한 모랫길에서 그는 이러한 시를 지었다.

---

76) 건륭제 재위 말엽부터 청 황제들은 자금성보다는 원명원에서 보내는 시간이 더 많았다. 그래서 정무 중추기관인 군기처도 원명원에 별원(別院)이 마련되어 있었다.

미몽 속의 제국

〈변방을 향해 떠나면서 가족에게 몇 마디 읊다〉

집을 나섰으면 웃어야지 슬퍼하지 말자. 어디를 가든 호탕하게 흉금을 열자.

세상의 일들을 잘못 없이 이루기는 어렵다. 고관이 되는 것도 거저 얻어지는 것은 아니다.

삼도(영국)와 싸운 거친 풍랑과 같은 기억을 되돌아보며, 조국의 산천을 두루 돌아다닐지어다.

어린애들 같은 경박한 말에 아랑곳하지 말자. 한 번 가면 오지 않을 쓸데없는 말에 신경 쓰지 말자.

나의 능력이 미미한데 중임을 맡았으니 일찌감치 정신이 피폐해졌다. 또 한 번 중임을 맡는다면 늙고 쇠락한 이 몸이 견디지 못할지어다.

만약 국가에 도움이 된다면 나는 생사를 돌보지 않을지언데, 어찌 화근이 있다고 피하고 복이 온다고 받아들이겠는가?

귀양을 가는 건 군자의 은혜가 후덕하다는 뜻이니, 나를 숨기고 변경을 수비하는 한 명의 병사가 되면 족하다.

아내와 농담 삼아 옛 고사를 이야기하니, "斷送老头皮"[77]를

---

77) 소식의 『동파지림』 권6에 실려있는 시의 일부를 인용한 것으로 '관리의 신분에 있는 사람의 몸은 자기 맘대로 할 수 없다'는 뜻을 내포하고 있다. 북송 시대 지방관으로 있던 소식이 모함을 받아 황제의 체포장을 받고 끌려가면서 "更休落魄耽杯酒。且莫猖狂爱咏诗。今日提将官里去。这回斷送老头皮。"라는 시를 지은 것에서 유래하였다.

읊으며 나를 배웅해도 무방할 것 같구려.

〈赴戍登程口占示家人〉

出门一笑莫心哀，浩荡襟怀到处开。
时事难从无过立，达官非自有生来。
风涛回首空三岛，尘壤从头数九垓。
休信儿童轻薄语，嗤他赵老送灯台。

力微任重久神疲，再竭衰庸定不支。
苟利国家生死以，岂因祸福避趋之。
谪居正是君恩厚，养拙刚于戍卒宜。
戏与山妻谈故事，试吟断送老头皮。

에필로그

❖

아편전쟁은 동아시아의 역사를 고대와 근대로 가르는 분수령이 되는 사건이다. 그래서 중국의 고등학교 역사 교과서는 아편전쟁 이전까지를 고대사로, 아편전쟁을 포함한 그 이후의 역사를 근현대사로 하여 두 권으로 구성되어 있다. 아편전쟁을 계기로 서구 열강들이 중국에 진입하여 이권을 침탈하기 시작했고 이는 다시 일본과 조선의 개항으로 이어졌으니, 이 사건은 가히 동아시아 세계의 문을 연, 천지를 뒤흔든 대사건이라 말할 수 있고, 또 그렇게들 알려져 왔다.

그런데 당시 사람들은 이 전쟁에 대해 어떻게 생각했을까? 아편전쟁이 역사에서 차지하는 그 거대한 의미와 중요성에 비해 당시 사람들은, 심지어는 황제조차도 이 전쟁의 패배가 의미하는 바가 무엇인지를 제대로 깨닫지 못했다. 아편전쟁은 전쟁에서 패한 것이 문제가 아니라 이 전쟁의 패배가 주는 의미를 깨닫지 못하고 자각하지 못한 것이 문제였고, 중국과 조선의 근대사 속의 불행은 여기서 시작되었다. 중국이 깨닫지 못하니 북경에 간 사신의 정보에 의존하던 조선은 더더욱 깨닫지 못할 수밖에 없었다.

나의 이 이야기는 아편전쟁이란 위기를 눈앞에 두고 이를 통해 중국을 각성시키고자 노력했던 사람들의 이야기이다. 아편전쟁을 소재로 하는 그간의 서적들은 전쟁의 원인이 된 무역 갈등, 과학기술의 차이, 중국 정치인들의 서방에 대한 무지에 초점을 맞추거나 또는 린쩌쉬(임칙서)의 애국심과 영웅적 면모를 그려왔다. 하지만 나는 아편전쟁의 패배가 왜 이들을 변화시키지 못했는지, 이 전쟁으로 중국을 각성시키고자 했던 사람들은 누구였으며 이들은 어떤 생각을 하고 있었는지를 이야기하고 싶었다. 그래서 이 책의 주인공은 사실 린쩌쉬(임칙서)도 웨이위엔(위원)도 아니다. 이 책의 진짜 주인공은『해국도지』이다. 사실 나는『해국도지』를 이야기하고자 이 책의 집필을 시작하였다.

깨닫기 위해선 질문을 던져야 한다. 아마도 당시 중국인들과 한국인들은 아편전쟁에 대해 질문과 의문을 던지지 않았던 것 같다. 이런 의미에서 이 책을 집필하면서 필자가 가졌던 몇 가지 의문에 대해 독자분들과 함께 고민해보고자 한다.

첫째, 메카트니 사절단의 실패는 필연적이었는가? 당시 중국은 무역을 늘리고자 하는 마음이 없었고 서방과 근대적 외교 관계를 체결하고자 하는 생각은 더더욱 없었다. 그러니 이들이 영국 사절단의 진짜 방문 목적인 통상 문제에 대해 소극적이거나 회피하는 태도를 보였던 건 당연하다. 그러므로 이 사건은 그렇게 많은 준비를 하고서도 빈손으로 돌아간 영국 측의 실책이 무엇이었는지에 초점이 맞춰져야 한다. 과연 영국인들은 무엇을 해야 했고 무엇을 하지 말았어야 했을까? 이들은 중국의 무엇을 오해했을까? 아니면 이 미션은 어차피 실패할 수밖에 없는 미션이었을까?

둘째, 아편전쟁의 발발은 막을 수 있었나? 이 책을 집필하느라 수십 권의 책과 논문을 읽었지만 나 역시도 이 질문에 대해 답을 내리는 데는 주저하게 된다. 이는 아주 민감한 질문이다. 왜냐하면 이 질문에 대한 답이 Yes이냐 No냐에 따라서 린쩌쉬가 광저우에서 한 일들에 대한 평가가 달라질 것이고, 아편전쟁이 주는 교훈도 그에 따라 달라질 수 있기 때문이다.

셋째, 아편전쟁은 중국이 이길 수 있는 전쟁이었나? 이에 대해서는 나름의 답을 가지고 있다. 나는 이 전쟁은 중국이 잘만 했으면 어렵지만 물리칠 수 있었을 거라 생각한다. 중국의 무기가 영국에 비해 열악했지만 분명 이는 방어전이었고 방어전에서는 방어하는 쪽이 몇 배는 유리하다. 하지만 중국은 패배할 수밖에 없는 갖가지 문제들을 스스로 만들어 냈다. 가장 핵심적인 문제는 국가 리더가 결전의 의지를 가지고 있지 않았다는 데에 있었다. 도광제가 주전과 주화를 왔다 갔다 하니 지휘관들이 결전의 의지를 가지지 않고 눈치만 보게 되었고 이것이 결정적 패인이었다. 물론 이것 말고도 오랜 시간 누적되어온 군대의 해이함, 무기 체계의 낙후, 방어 시스템의 낙후 등이 있긴 하지만 국가 지도자를 중심으로 결전의 의지로 똘똘 뭉쳤더라면 이런 요인들은 극복이 되었을 거라 생각된다.

　마지막 질문은 "왜『해국도지』는 정작 당사국인 중국과 인접국인 조선에서는 별 반향을 얻지 못한 채 잊혀졌고 한참 후에 일본에서 선풍적인 인기를 얻었을까?"이다. 특히, 조선은 이 책을 읽은 사람이 손에 꼽힐 정도로 철저하게 외국에 대해 무관심과 외면으로 일관했다.

　당시 중국은《난징조약》으로 모든 것이 끝났다고 생각했다. 어쩌면 '영토를 크게 잃은 게 없으니 무승부로 끝난 전쟁이야.'라고 정신 승리에 빠져 있었을 수도 있다. 아편전쟁 이후에 서양의 군함과 대포를 모방하고자 하는 시도들이 있었지만 한두 번 난관에 부딪치자 그만 곧 포기를 하고 마는데, 이는 그러한 시도들이 정부 차원의 체계적인 기술 근대화 프로젝트가 아니라 산발적이고 충동적인 시도들이었기 때문이다. 개혁을 추진하는 조직 같은 건 있지도 않았고, 외국과의 근대적 외교 사무를 보는 '통리기무아문'은 2차 아편전쟁이 발발한 1860년 이후에나 생겼다. 베이징의 통치그룹은 아편전쟁을 겪고도 충분히 위기감을 갖지 못하였다. 위기감이 없으니 수천 년 동안 이들이 가져온 전통 방식을 개혁할 동력과 의지가 부족했고 경세파들의 열정은 묵살되고 정책에 반영되지 못했다. 아편전쟁의 패배로 각성보다는 오히려 경세파 인사들이 정계로 진출하지 못하면서 중국은 아편전쟁 후 20년을 허비하게 된다.

　중국은 태평천국의 난을 겪고, 2차 아편전쟁으로 베이징이 함락되고 원명원이 불에 타자 그제서야 자각하기 시작했다. '양무운동'이라 불리는 중국의 군사기술 근대화 운동이 이때 시작되지만 이미 썩을 대로 썩은 청 왕조하에서는 근본적인 정치·사회 개혁 없이는 겉모습만 웅대했을 뿐 진정한 근대화로 이어질 수 없었다. 청 왕조에 결정타를 날린 것은 '청일전쟁'이었다. 그리고 얼마 안 가서 혁명이 일어나면서 수천 년 동안 이어져 왔던 봉건 왕조 시대가 막을 내렸다. 그 후 벌어진 혼란의 시기와 내전의 시기, 일본 침략의 시기를 거쳐 아편전쟁 100여 년 후인 1949년에 오늘날의 신중국이 세워졌다. 이 모든 것의 시작에 아편전쟁이 있었다.

이 책은 역사적 사실과 사실에 근거한 약간의 상상으로 구성되어 있다. 독자들의 오해를 막고자 나의 상상력에 의해 구성된 부분을 밝히고자 한다.

인물 간의 대화는 대부분 필자가 구성하였다. 그러나 대화 내용은 철저하게 그들의 저술에서 주장된 내용에 의거했다. 예를 들어, 제9장에서 린쩌쉬와 공즈쩐이 그의 저서인 『존음尊隱』을 두고 하는 대화나, 제10장에서의 린쩌쉬와 웨이위엔의 대화는 모두 이들(공즈쩐, 웨이위엔)이 자신들의 저서에서 한 주장들을 대화체로 풀어낸 것이다.

그러나, 필자의 개입이 좀 더 많이 들어간 부분도 있다. 제8장에 린쩌쉬와 리우펑루와의 대화는 사료에는 없는 내용이다. 하지만 윌리엄 핏 에머스트(William Pitt Amherst)가 천진에 왔을 때인 1816년 여름에는 분명 이 둘은 경성에서 일을 하고 있었다. 이 대화를 쓸 때는 많은 고민이 있었다. 왜냐하면 순전히 내가 31살의 린쩌쉬가 되어야 했기 때문이다. 린쩌쉬는 지방을 돌며 바쁘게 공무를 하는 인생을 살았기에 그리 많은 저술을 남기지는 않았다. 그는 사상을 길게 글로 남기는 스타일이 아니라 행동파이고 실전파였기 때문이다. 그래서 그의 주장이나 생각은 대부분 그의 행적을 근거로 짐작할 수밖에 없었고 이 책에서 나오는 그의 대화에는 필자의 그에 대한 주관적 해석이 들어있음을 밝히는 바이다.

한편, 거의 사료와 동일하게 구성된 대화도 있다. 예를 들어 웨이위엔이 동시(童試)에 응시하였을 때 시험관에게 한 말이나 공즈쩐이 단양에서 청사를 부탁받으면서 『기해잡시』를 지은 것은 온전히 사료에 나와 있는 사실이다. 메카트니 사절단 편이나 에머스트호 편의 대화는 이들의 회고록에 나와 있는 그대로이다.

사실로 입증이 안 된 부분도 있다. 린쩌쉬의 형이 아편 중독으로 죽었다는 건 일설일 뿐 사료에 나와 있는 사실은 아니다. 린쩌쉬의 형이 요절한 건 사실지만 생각보다 어린 나이에 죽은 것 같다. 단지 본문에서는 몰입이 떨어질 수 있으므로 이렇게까지 설명하진 않았다.

이 책을 집필함에 있어서 조심스러웠던 점은 중국과 영국 간의 전쟁을 한국 사람이 이야기한다는 것이었다. 그래서 최대한 공정한 역사 서술을 하고자 서방 측의 자료와 중국 자료, 그리고 한국 자료를 같이 참고하였다. 그러나 책을 보면 볼수록, 연구를 하면 할수록 나는 '공정한 역사 서술을 한다는 것이 혹시

미몽 속의 제국

불가능한 일이 아닌가.'라는 생각을 하게 되었다. 애초부터 그런 건 존재하지 않을 지도 모른다. 단지 독자나 청자들이 역사 콘텐츠를 접할 때 항상 역사 서술의 본성인 불완전성과 편향성을 염두에 두고 중심을 잡고 받아들이기를 바랄 뿐이다.

끝으로, 이 책의 집필을 응원해 준 나의 지기(知己) 쉬광핑(徐广平)과 자료를 부탁할 때마다 흔쾌히 도와준 우쯔잉(武子英, 이화여대 한국학과 박사과정)님께 고마움을 표하고 싶다.

2022년 3월 31일
김상규

참고문헌

김동인『아편전쟁』퍼플 2014. 7

김명호『환재 박규수 연구』(주)창비 2008. 11

백양 著, 김영수 譯『맨얼굴의 중국사5』창해 2003. 4

표가령『19세기 조선 문인의《해국도지》독서 체험과 문학적 형상화』국
　　문학연구 제43호 2021. 5

노병렬·천병돈『魏源의 실사구시 학문관 연구-《默觚》의 學篇을 중심으
　　로』한국동서철학회 논문집 동서철학연구 제80호 2016. 6

노병렬·천병돈『魏源《默觚》治篇의 정치사상 연구』한국동서철학회 논
　　문집 동서철학연구 제77호 2015. 9

陳雅旎『19세기 魏源의《해국도지》판본 비교와 조선 전래와 관한 연구』
　　고려대학교 한국사학과 2015. 12

陳明崇『海國圖志의 朝鮮開化運動에 끼친 影響』성균관대학교 사학과
　　1977. 6

宋念申『发现东亚』新星出版社 2018. 7

马骏杰『走进 林则徐』中国财经经济出版社 2017. 5

吴晓波『历代经济变革得失』浙江大学出版社 2016. 11

刘增丽『古代外国人在中国』中原农民出版社 2008.4

杨春君『钦差与清代政治变迁』南开大学博士学位论文 2014.5

陶用舒『"志同道合，相得无间-论陶澍和林则徐"』湖南城市学院学报
　　2007.3

萧忠生『陈寿祺对林则徐的影响』海峡教育研究 2017.2

萧忠生『林则徐与鳌峰书院』海峡教育研究 2016.2

李昊健『从心里史学角度分析第一次鸦片战争中的道光皇帝』山西师大学
　　报 2014.5

徐佩佩『清代两淮盐业中的官商利益博弈』盐业史研究 2018.3

汪炜『试论清代前期"四口通商"的成因及其财政特点』经济研究参考
　　2016 第45期

魏登云·刘渝龙『论清代刚盐制特点及其存在价值』遵义师范学院学报
　　2021.4

张淑红『从《送钦差大臣侯官林工序》看龚自珍与林则徐的经世爱国思想』
　　档案史话 2014.5

伍君·王卫『龚自珍、林则徐、魏源经世致用思想之比较』湖南农业大学学报
　　2007.4

王俊义『龚自珍、魏源"参加宣南诗会"说辨正』1979.6

林吉玲『论林则徐、龚自珍、魏源思想之异同』昌潍师专学报 1995

汤其领『刘逢禄与春秋公羊学之复兴』徐州师范大学学报 2001.12

黄开国『将萎之花，惨于槁木-试探龚自珍的社会批评思想』四川师范大
　　学学报 2009.9

叶世昌『从龚自珍的经济思想说起』学术月刊 1994.4

张义祥『龚自珍实学思想刍议』文化视野 2020.9

王敏『论龚自珍的社会批评思想』法制与社会 2009.5

判楠·张金林『清初迁海令对东南社会发展的消极影响』兰台史话 2014.9

邓可卉·谢秋韵『从赫歇尔望远镜的传入看18世纪中西方对科学技术态度

的差异』华东大学 人们学院, 民营科技 2015. 12期

『近代中国睁眼看世界就那么难呢! 白瞎了先驱者魏源的思想半个世纪』华
夏人文历史 2018. 7

李倩『《万国公法》在晚清时期的转入与翻译』天津师范大学, 教育教学论
坛 2014. 2

黄杰明『两次鸦片战争的成败得失论』宿州教育学院学报 2012. 12

袁伟时『经世致用思潮与鸦片战争后改革的延误』中山大学学报 1992. 第
1期

张晶晶『论清代中央对钦差大臣的管理措施』中原文化研究(The Central
Plains Culture Research) 2015. 12

James Louis Hevia 저, 邓常春 역『怀柔远人(Cherishing Men from Afar: Qing
Guest Ritual and the Macartney Embassy of 1793)』社会科学文献出版社
2019. 8

Markman Ellis, Richard Coulton 『Empire of Tea: The Asian Leaf that
Conquered the World』 2015. 7

Henry Ellis 『Journal of the Proceedings of the Late Embassy to China』
London 1817

Peter J. Kitson 『The 'catastrophe of this new Chinese mission': the
Amherst Embassy to China of 1816』 2017

Hugh Hamilton Lindsay 『Report of proceedings on a Voyage of the
North Port of China』 1833

Hugh Hamilton Lindsay 『Is the war with China a just one!』 1840

Immanual C. Y. Hsü 『The secret misson of Lord Amherst on the China
coast 1832』 Harvard-Yenching Institute 1954. 6

MatthewMauger 『Tea in 18th Century Britain』 Queen Mary University
of London 2013. 9

Harrry G. Gelber 『China as "Victim"? The Opium War That Wasn't』
　Center for European Studies Havard University
Stephen Platt 『What caused the First Opium War?』 BBC World
　historian magazine